kyokoba_ba
きょうこばぁばの

ちょっとの工夫で いつものごはんが
「わぁ！ごちそう」になるレシピ

はじめに

　働くばぁばの簡単毎日ごはんをインスタグラムで披露し始めたのが2013年10月。その日に食べたメニューを何か1枚アップすることを目標に続けてきて、早4年目。これまで900点以上のお料理写真をアップしてきました。

　写真はある、けれど作り方についてはざっくりした説明しかできない。大ざっぱな私ですから、味つけも目分量、そもそもレシピを書き残すなんてしたことがないんです(笑)。そんなこんなでフォロワーのみなさまからもレシピのご要望をいただいていた昨今、光栄にもこのような本の企画をいただき、これは頑張らねば！　とばぁば一念発起。毎日キッチンに陣取り、掲載していたお料理を改めて作り直しながら分量や手順を記録していきました。

　本の制作にあたり、数ある写真の中から特に「ばぁばらしいな」と思っていただけるような私らしさがある料理を100品選びました。ばぁばらしさ、それは大ざっぱで豪快、男前な料理。そして、フルタイムで働くばぁばならではの簡単時

短料理です。

　私はいつも仕事からの帰り道で買い出し。そして帰宅したら30分以内でせっせと家族の晩ごはんを支度します。忙しい人にとって毎日のおうちごはんは悩みの種。時間とお金をかけられたら、もっとおいしいものが作れるのに……。そんなふうに思ってしまうこともあるかもしれません。でも、どれだけ忙しくても安い食材でも、ごちそうを作る術はあるはず！　食いしん坊の私は、これまでちょっとの工夫でいつものごはんがとっておきのごちそうになるレシピを考え続けてきました。

　じいじと次女と愛犬、3人と1匹で暮らす我が家。時には嫁いだ長女が婿や孫を連れてやってくることもあります。家族のみんなが、食卓に並べたときに「わぁ！」と喜んでくれるお料理。そんなごちそうを作れたら幸せですよね。

　おいしい料理は楽しい料理。楽しく作って笑顔でもりもり食べましょう。さぁ、ばぁばのごはんですよー！

point!

ばぁばの
簡単・時短
ごちそう作りの
ポイント

point_1

単色なんてつまらない！
家庭料理を
豪華に見せる鍵は彩り

ばぁばは活気のない食卓が嫌いなんです。見た目からワクワクするお料理を作りたい。そのために、つまやトッピング、添える野菜などで彩り豊かに仕上げることを大事にしています。たとえばキャベツのせん切りなら、少しの大葉とみょうがのせん切りを混ぜる。そんなちょっとの工夫がいつもの食卓に華を添えてくれると思います。

point_2

簡単お手軽なごちそう作り
基本は
調味料とスパイス

どれだけ忙しくても、お金をかけなくても、「にんにく、しょうが、砂糖、醤油、油」これさえあればたいていのごちそうは作れます。あとはお肉かお魚かお野菜か、具材を選ぶだけ。ばぁばは20歳過ぎのころ、にんにくとしょうがの2大スパイスを同時に使う料理を覚え、以来これをベースに料理のレパートリーがぐんと広がりました。

point_3
エスニックな風味やスパイスで毎日のごはんに新鮮な驚きを

ばぁばのレシピには、隠し味としてナンプラーがたくさん登場します。ナンプラーは、タイの調味料。魚を発酵させた独特の香りが特徴的で、お料理にコクと深みをプラスしてくれます。毎日のごはんを飽きない味に仕上げるにはちょっとした刺激が必要。ほっと落ち着く味の中に新鮮な驚きもある。そんな家庭料理がばぁばの特徴です。

point_5
楽しく続けるおうちごはん秘訣は環境作りから

おうちごはんを楽しむために大切なのは、いつでもおいしいものがすぐ作れる環境作り。私は、よく使う食材や定番の調味料など、お家に常備しておくよう心がけています。そうすれば、献立に困ることもなく自然と続けられますよね。実山椒の醤油漬けや柚子皮のスライスといった自家製の保存食材はそんな環境作りのひとつ。

point_4
ばぁばといえばパクチー！香味野菜を取り入れるススメ

パクチーは今やばぁばの料理に欠かせない食材ですが、じつは6年前まで大嫌いでした。大嫌いだけど、克服すればもっとおいしいものに出会えるはずと思い、食べる挑戦を続けていたら、ある日突然大好きに（笑）。香味野菜は味の引き立て役であり、彩りにも大活躍。パクチーが苦手な人は三つ葉やせりで代用してみてください。

point_6
買い物でリフレッシュ！食材選びを毎日の楽しみに

私は毎日いくつかの八百屋さん、お肉屋さん、お魚屋さんやスーパーを必ず一回りして帰ります。仕事帰りのワンクッション。ストレス発散ともいえます。しかも夕方を過ぎるとお買い得商品が多くなる。安くて素敵な素材との出会いは献立のインスピレーションに。買い物でリフレッシュし、楽しいごちそう作りを実現させるのです。

もくじ

はじめに 2

ばぁばの簡単・時短
　ごちそう作りのポイント 4

part 1
一皿で様になるごはんもの

焼き塩サバとたけのこのちらし寿司 12

春の魚介とたけのこのちらし寿司 13

たこのちらし寿司 14

サーモンとアボカドのちらし寿司 15

サーモンと菜の花のチェック寿司 16

コハダのチェック寿司 17

焼き〆サバの棒寿司 18

むしりサバ寿司 19

鰻プレートごはん 20

牡蠣ごはん 21

秋刀魚の炊き込みごはん 22

パクチー炊き込みごはん 23

パクチー混ぜごはん 24

パクチー粥 25

CONTENTS

カオマンガイ 26
むかごと鶏肉のカオマンガイ 27
パエリヤ 28
ステーキ丼 29
バターチキンカレー 30
セロリチャーハン 31
パクチーおにぎり 32
せりのおにぎり 33

column 1
ばぁばの山椒しごと 34

part 2
大皿で楽しめる煮物

鶏の骨つきセロリ煮 38
鶏手羽八角煮 39
ブリ大根 40
ブリのあら煮 41
アジの煮付け 42
カレイの煮付け 43
アクアパッツァ 44

肉かぼちゃ 45
簡単自家製チャーシュー 46
豚すね肉のチャーシュー 47

column 2
ばぁばの柚子しごと 48

part 3
一品加えたいサラダやマリネ

トマトとオリーブのマリネ 52
シーフードマリネ 53
鯛のカルパッチョ 54
長いも叩きサラダ 55
叩ききゅうりとお豆サラダ 56
トマトマリネサラダ 57
鶏ハムサラダ 58
鶏肉サラダごまだれ 59
2色の浸し豆 60
クスクスサラダ 61
切り干し大根サラダ 62
トマトとパクチーの根のサラダ 63

part 4
無限にできる おつまみとおかず

アジアン枝豆 66
ズッキーニとオイルサーディンの
　チーズ焼き 67
魚と野菜のグリル焼き 68
芽キャベツスキレット 69
麻婆メンマ 70
麻婆かぼちゃ 71
麻婆ごぼう 72
麻婆ゴーヤー 73
そぼろ米なす 74
スペアリブの煮込み 75
アボカドと生ハムグラタン 76
青梗菜とくるみの炒めもの 77
春雨シュウマイ 78
砂肝にんにく炒め 79
砂肝ポン酢 80
牛すじポン酢 81

むかごベーコン炒め 82
むかごと鶏肉のオーブン焼き 83
トマトのベーコン巻き 84
納豆オムレツ 85
ゴーヤー春雨 86
ナムル 87
ヤリイカのアヒージョ 88
初夏野菜と鶏肉のグリル 89
巣ごもりゆで玉子 90
なすの揚げ浸し 91
ワンタンの丘上げ 92
甘エビのにんにく炒め 93
貝と春菊のお好み焼き 94
チリビーンズ 95

column 3
ばぁばのわさびしごと 96

part 5
〆に食べたい麺もの

セロリ焼きそば 100

CONTENTS

華やか冷やし中華　101

あさりラーメン　102

しじみラーメン　103

カボスそば　104

肉豆腐うどん　105

フォーで焼きそば　106

フォーのパッタイ　107

冷やしうどん豆乳だれ　108

ホタルイカとトマトソースのパスタ　109

ツナのショートパスタオーブン焼き　110

しらすとバジルのパスタ　111

バインミーサンド　118

サモサ　119

肉まん　120

いちじくベーグル　122

いちじくタルト　124

洋梨タルト　125

おわりに　126

part 6
休日に作る
ちょっと手の込んだメニュー

セロリの葉のピザ　114

ふきのとうピザ　115

カンパーニュにのせた
　　エッグベネディクト　116

ダッチベイビー　117

レシピについて
◎材料の表記は1カップ＝200㎖、1合＝180㎖、大さじ1＝15㎖、小さじ1＝5㎖です。
◎野菜などの食材の大きさには個体差があります。レシピには目安となる分量や調理時間を記載していますが、様子を見ながら加減してください。
◎特に指定のない場合は、「野菜を洗う」「皮をむく」「へたを取る」などの基本的な下ごしらえは省略しています。
◎飾りで使用した材料は明記していないものがあります。お好みで追加してください。

kyokoba_ba
part 1

一皿で様になるごはんもの

RICE RECIPE

忙しくて時間がないことを理由に、彩りのないさびしい食卓になってしまうのは避けたいところ。たくさんの手間や高価な食材はなくても、心躍る華やかな料理に仕上げるのがばぁばのごはんです。混ぜるだけ、のせるだけで様になるちらし寿司は、その代表格。寿司飯には、時短のため市販の寿司酢や粉末寿司酢を使っていますが、それだけじゃ終わらせない！　我が家の自家製保存食材、柚子皮や実山椒の醤油漬けが大活躍します。具材を変えるだけでアレンジ自在な炊き込みごはんも、季節の旬を楽しめるとっておきのごちそう。その日の買い出しで旬の安い食材を見つけたら、どんな組み合わせでごはんにしようか？　ワクワクが止まりません。
　ごはんとおかずとおつまみを一皿で同時に作ってゴージャスに見せられるメニューをご紹介します。

part 1 一皿で様になるごはんもの　RECIPE_01

焼き塩サバとたけのこのちらし寿司

簡単ゴージャスなちらし寿司は、ばぁばの真骨頂。一面に敷いた大葉がこだわりです。赤ワインと相性抜群！

材料 [3人分]

- 寿司飯 ― 300g
- たけのこ(水煮) ― 250g
- 菜の花 ― 7～8本
- 塩サバ(フィレ) 半身 ― 2枚
- いりごま ― 大さじ1
- 大葉 ― 12枚
- しょうがの甘酢漬け ― 適量
- 山椒の実の醤油漬け ― 小さじ2
- A
  - かつおだし ― 200㎖
  - 砂糖 ― 小さじ2
  - みりん ― 大さじ1
  - 酒 ― 大さじ2
  - 醤油 ― 大さじ1

作り方

1. たけのこ水煮を**A**で煮て、小さめの一口大に切る。菜の花を塩ゆでして一口大に切る。

2. 塩サバを少し焦げ目がつく程度に焼き、小さめの一口大に切る。

3. 寿司飯にいりごまを混ぜて大皿に平たく広げ、大葉を全面に敷く。

4. 3に**1**と**2**、しょうがの甘酢漬けを彩りよくのせる。

5. 山椒の実をふりかける(お好みで事前に寿司飯に混ぜてもよい)。

◎寿司飯は、温かいごはんに市販の寿司酢を表示の分量通り加えて作っています。ほかのレシピも同様です。

春の魚介とたけのこのちらし寿司

春のちらし寿司は旬の食材をたっぷり使って彩り豊かに。季節を感じるゴージャスなおもてなし。

材料 [4人分]

寿司飯 — 500g
たけのこ(水煮) — 250g
コハダの酢〆(市販) — 3枚
ホタルイカ(刺身用) — 15個
あおやぎ(刺身用) — 80g
かにかまぼこ — 40g
菜の花 — 8本
いりごま — 大さじ2
大葉 — 10枚
しょうがの甘酢漬け — 適量
A | かつおだし — 200㎖
　| 砂糖 — 小さじ2
　| みりん — 大さじ1
　| 酒 — 大さじ2
　| 醤油 — 大さじ1

作り方

1. たけのこの水煮を**A**で煮て、小さめの一口大に切る。菜の花を塩ゆでして一口大に切る。コハダの酢〆も一口大に切る。

2. 寿司飯にいりごまを混ぜて大皿に平たく広げ、大葉を全面に敷く。

3. 2に**1**とホタルイカ、あおやぎをのせる。しょうがの甘酢漬け、かにかまぼこを彩りよくのせる。

part 1 一皿で様になるごはんもの RECIPE_03

たこのちらし寿司

帰宅が遅くなった夜に活躍する時短料理。お刺身とお野菜で彩りも楽しく。ばぁば自慢の家庭料理です。

材料 [2 人分]

寿司飯 ― 300g
たこの足(刺身用) ― 2〜3本
真鯛(刺身用) ― 80g
柚子皮(みじん切り) ― 大さじ1
いりごま ― 大さじ1
大葉、菜の花、カイワレ大根、
　レモン、しょうがの甘酢漬け ― 各適量
わさび醤油やレモン醤油(お好みで) ― 適量

作り方

1. 寿司飯にいりごまと柚子皮のみじん切りを混ぜて大皿に広げる。
2. たこの足と真鯛は薄くスライスして一口大に切る。
3. **1**の上に大葉を敷いてその上に**2**をのせ、塩ゆでした菜の花、カイワレ大根、スライスしたレモンを飾りつける。
4. しょうがの甘酢漬けを花弁のようにクルクルと巻き、適所に置く。
5. わさび醤油やレモン醤油などお好みのものをつけていただく。

part 1　一皿で様になるごはんもの　**RECIPE_04**

サーモンとアボカドのちらし寿司

サーモンとアボカドの鉄板コンビはちらし寿司にしても相性抜群。お供はハイボールで決まり！

材料［2人分］

寿司飯 — 300g
サーモン(刺身用) — 250g
大葉 — 12枚
みょうが — 1本
アボカド — ½個
カボス — 適量
わさび醤油 — 適量

作り方

1. アボカドは縦長にスライスし、サーモンは一口大に切る。

2. 寿司飯を大皿に平たく広げ、大葉を全面に敷き、上に**1**をのせる。

3. **2**の上に細切りにしたみょうがとスライスしたカボスを彩りよくのせる。

4. わさび醤油をかけていただく。

part 1 一皿で様になるごはんもの **RECIPE_05**

サーモンと菜の花のチェック寿司

手間いらずでおいしくでき、見栄えもいいチェック寿司。サーモンと菜の花の2色で春らしく。

材料［13×17×4cmの容器1個分］

- 寿司飯 — 280g
- いりごま — 大さじ2
- サーモン(刺身用) — 適量
- 菜の花 — 適量
- 万能ねぎ(小口切り) — 少々
- レモン(スライス) — 適量
- 飾り用いりごま — 適量
- わさび醤油 — 適量

作り方

1. 寿司飯にいりごまを混ぜて、容器にしっかりと押し詰める。9分割して1個分の大きさを決めたら、ナイフで切り目を軽く入れておく。切り目を入れておくと四角に割れて食べやすい。菜の花は塩ゆでしておく。

2. 1で決めた1個分のサイズに合わせてサーモンと菜の花を切る。事前に1個分の型紙を作っておくと便利。

3. 2を写真のように1の上に交互に並べてチェック柄に仕上げる。

4. レモンスライスと万能ねぎ、いりごまを飾りつける。

5. 小皿に用意したわさび醤油をつけていただく。

part 1 一皿で様になるごはんもの **RECIPE_06**

コハダのチェック寿司

チェック寿司も、一度やり方を覚えれば応用自在。寿司飯は押し寿司みたいにしっかり押さえるのがポイント。

材料 [13×17×3.5cmの容器1個分]

寿司飯 — 300g
いりごま — 大さじ2
A ｜ コハダの酢〆(市販) — 3枚
　　｜ レッドスピナッチ — 適量
　　｜ 玉子 — 1個
　　｜ かにかまぼこ — 30g
万能ねぎ — 適量
柚子皮(千切り) — 適量
飾り用いりごま — 適量
わさび醤油 — 適量

作り方

1. 寿司飯にいりごまを混ぜて、容器にしっかりと押し詰める。12分割して1個分の大きさを決めたら、ナイフで切り目を軽く入れておく。

2. Aの玉子は溶いてフライパンで薄く焼き、玉子焼きを作る。

3. 1で決めた1個分のサイズに合わせて**A**の具材をそれぞれ切り分ける。事前に1個分の型紙を作っておくと便利。

4. 3を**1**の上に並べてチェック柄に仕上げる。

5. 万能ねぎは好みの長さに切り、柚子皮、いりごまと一緒に飾りつける。

6. 小皿に用意したわさび醤油をつけていただく。

part 1 一皿で様になるごはんもの **RECIPE_07**

焼き〆サバの棒寿司

真空パックの焼き〆サバを使った簡単手抜きスピード料理。でも寿司飯にいろいろ混ぜるのがばぁばのこだわり。

材料［1本分］
寿司飯 — 300g
焼き〆サバ(市販の真空パック) — 半身
いりごま — 大さじ1
柚子皮(みじん切り) — 小さじ2
実山椒の醤油漬け — 適量
大葉 — 6枚
ガリ(市販) — 適量

作り方
1. 〆サバの酸味があるので、寿司飯は寿司酢の表示より酢を少なめにして作る。寿司飯にいりごまと柚子皮のみじん切り、実山椒の醤油漬けを混ぜる。

2. ラップを敷き、1をのせる。〆サバの長さに合わせて広げたら、棒状にぎゅっと丸め固める。

3. ラップを開き、棒状になった寿司飯の上にガリと大葉、〆サバをのせる。

4. ラップを巻き直して棒状に形を整える。ラップからサバの油がしみ出すくらいしっかりとぎゅうぎゅうに丸める。

5. 切りやすくするためにラップを巻いたまま冷蔵庫で1時間ほど冷やす。

6. 冷蔵庫から取り出し、ラップを巻いたまま包丁で食べやすい大きさに切る。ラップをはずして皿に盛る。

part 1　一皿で様になるごはんもの　RECIPE_08

むしりサバ寿司

棒寿司がめんどうくさい、という人にはこれ。サバをむしって寿司飯にのせるだけ。アジでも応用可能。

材料 [2人分]

寿司飯 ― 300g
塩サバ ― 1尾
いりごま ― 大さじ1
柚子皮(みじん切り) ― 大さじ1
大葉 ― 10枚
柚子皮(千切り) ― 適量
しょうがの甘酢漬け ― 適量

作り方

1. 寿司飯にいりごまと柚子皮のみじん切りを混ぜ、大皿に広げる。
2. 塩サバを焼き、むしって骨からはずす。
3. **1**の上に大葉を敷き、**2**をのせる。
4. **3**にしょうがの甘酢漬けと柚子皮の千切りを飾りつける。

part 1　一皿で様になるごはんもの　**RECIPE_09**

鰻プレートごはん

おいしい鰻重は、外で食べればよい。家庭で食べる鰻は玉子や野菜で量増しし、これで十分！

材料 [2 人分]

鰻のかば焼き(たれ付き市販) ― 1串
ごはん ― 茶碗に多めの2杯分
いりごま ― 大さじ1
きゅうり ― 1本
玉子 ― 2個
大葉 ― 適量
三つ葉 ― 適量
山椒の粉 ― 少々

作り方

1. 温かいごはんにいりごまを混ぜておく。

2. きゅうりは薄い輪切りにして塩もみし、水けをよくしぼっておく。

3. 玉子を溶いて塩ひとつまみ(分量外)を加え、スクランブルエッグ状に焼く。あまり細かいそぼろにならないように簡単に仕上げる。

4. **1**のごはんを大皿に広げて**2**のきゅうり、細切りにした大葉、温めて細長く切った鰻の順にのせる。

5. **4**の鰻の上にたれをかけ、**3**をのせる。

6. 食べやすく切った三つ葉を**5**の上にのせ、山椒の粉をふる。

part 1　一皿で様になるごはんもの　RECIPE_10

牡蠣ごはん

冬は栄養たっぷりの牡蠣を炊き込みごはんで！薄口醤油とみりんでまろやかな味つけに。

材料 [4人分]

米 ― 3合
生牡蠣 ― 350g
しょうが ― 1片
A ┃ 薄口醤油 ― 大さじ1½
　┃ みりん ― 小さじ2
　┃ 酒 ― 小さじ2
　┃ かつおだしの素(顆粒) ― 小さじ2
柚子皮、パクチー、三つ葉 ― 各適量

作り方

1. 米はといで約1時間浸水させておく。ざるに上げて水をきり、スライスしたしょうがと一緒に炊飯器に入れる。混ぜ合わせておいたAを加え、さらに炊飯器の表示よりかための水加減になるように水(分量外)を入れる。

2. 牡蠣は塩(分量外)をふって流水で洗い流し、水をきる。1の上に牡蠣をのせ、一緒に炊く。

3. 炊き上がったらしょうがを除き、釜の底から全体をさっくり混ぜ、牡蠣が上に見えるように盛りつける。

4. 柚子皮は千切りに、パクチー、三つ葉はざく切りにして、お好みでのせる。

part 1 一皿で様になるごはんもの　RECIPE_11

秋刀魚の炊き込みごはん

秋の味覚、秋刀魚は塩焼きだけでなく炊き込みでも堪能。新鮮なので炙らずそのまま投入してもおいしい！

材料［2人分］

米 — 2.5合
秋刀魚 — 2尾
まいたけ — 80g
しょうが — 1片
A｜醤油 — 大さじ1
　｜みりん — 小さじ2
　｜酒 — 小さじ1
　｜かつおだしの素(顆粒) — 小さじ2
柚子皮、三つ葉 — 適量

作り方

1. 秋刀魚は頭とわたを取ってきれいに洗い流し、味がしみるようななめに数本切り目を入れる。

2. 米をといで約1時間浸水させたら、ざるに上げて水をきる。炊飯器に入れ、炊飯器の表示よりかための水位まで水(分量外)を入れ、**A**を加える。

3. **2**の上に**1**とほぐしたまいたけ、細切りにしたしょうがをのせて炊く。

4. 柚子皮を千切りに、三つ葉をざく切りにして、お好みでのせる。

◎写真はストウブ鍋ですが、炊飯器で作るレシピを掲載しています。ほかのレシピも同様です。

part 1　一皿で様になるごはんもの　RECIPE_12

パクチー炊き込みごはん

パクチーの茎がかたいので煮てみよう！ と思いつき誕生したレシピ。エスニックな香味が食欲をそそります。

材料 [3〜4人分]

米 — 3合
鶏もも肉 — 1枚
パクチー(根つき) — 100g
A｜クミンシード — 少々
　｜鶏ガラスープの素 — 小さじ2
　｜ナンプラー — 大さじ1
　｜醤油 — 小さじ1
　｜酒 — 大さじ1
　｜みりん — 大さじ1
レモン — 1個

作り方

1. 米をといで約1時間浸水させたら、ざるに上げて水をきる。炊飯器に入れ、炊飯器の表示よりかための水位まで水(分量外)を入れる。

2. 鶏もも肉は小さく切る。パクチーは茎と根をみじん切り、葉は約2cmのざく切りにする。

3. 1の炊飯器にAを入れて混ぜ、2の鶏もも肉、パクチーの茎と根を入れて炊く。

4. 炊き上がったら、お好みのタイミングでパクチーの葉を混ぜる。くし形切りにしたレモンを添え、しぼっていただく。

part 1　一皿で様になるごはんもの　**RECIPE_13**

パクチー混ぜごはん

ごまとナンプラーの香りが豊かなアジアンごはん。ピリッと辛い山椒とまろやかな半熟玉子のコンビが決め手。

材料 [2〜3人分]

白飯 ― 500g
パクチー ― 70g
玉子 ― 2個
A｜けずりぶし ― 大さじ2
　｜麺つゆ ― 大さじ1
　｜いりごま ― 大さじ1
　｜ナンプラー ― 小さじ1
　｜山椒の実の醤油漬け(お好みで)
　｜　― 小さじ2

作り方

1. 熱湯にひとつまみの塩(分量外)を入れ、パクチーをさっとゆでる。冷水にあげてしっかりしぼったら細かく刻む。

2. 炊きたての熱いごはんに**1**と**A**を混ぜ入れ、しゃもじでさっくりと混ぜる。

3. 玉子を溶き、ひとつまみの塩(分量外)を加えて、スクランブルエッグ状に半熟に焼く。

4. 大皿に**2**を広げ、その上に**3**をのせる。

part 1　一皿で様になるごはんもの　RECIPE_14

パクチー粥

お粥は七草セットを買わずに、ばぁばチョイスのお野菜で楽しくアレンジ。クコの実入り春のばぁば粥。

材料 [4 人分]

米 ― 1合
水 ― 6合
ラディッシュ ― 2株
カイワレ ― ½パック
パクチー ― 70g
クコの実 ― 小さじ1
塩 ― 少々
いりごま ― 少々

作り方

1. 米をといで1時間水に浸す。ざるに上げて水をきり鍋に入れる。
2. ラディッシュはスライスし、カイワレとパクチーは細かく刻む。
3. 1に水を入れ、ふたをして火にかける。中火で沸騰したらふたをずらし、弱火にして30分炊く。
4. 途中でラディッシュを加え、火を切る直前になったらカイワレとパクチー、クコの実、塩を入れ、さっと混ぜて火をとめる。

◎鍋はストウブラウンド22cmを使用しています。

カオマンガイ

RECIPE_15

「ばぁばの屋台」を実現できたら…なんて夢が膨らむレシピ。アジアン屋台風の蒸し鶏ごはん。

材料 [2人分]

- 鶏もも肉 — 2枚
- 米 — 2合
- にんにく、しょうが — 各1片
- 鶏ガラスープの素(顆粒) — 小さじ1
- 生野菜(パクチー、レタス、トマトなど) — 適量

{ ねぎだれ }

- 長ねぎ — 70g
- 醤油 — 大さじ2
- 酢 — 大さじ4
- ごま油 — 大さじ1
- 砂糖、ナンプラー — 各小さじ1
- 豆板醤 — 小さじ1/2

作り方

1. 鶏もも肉はフォークなどで皮に穴を開ける。にんにくは叩きつぶし、しょうがは薄切りにする。
2. 炊飯器にといだ米を入れ、2合の目盛りに水加減をして30分ほど浸す。1のにんにく、しょうがと鶏ガラスープの素を加え、上に1の鶏もも肉をのせて炊く。
3. ねぎだれを作る。長ねぎはみじん切りにし、ほかの材料すべてと合わせておく。
4. 2のごはんが炊けたら、鶏肉を炊飯器から取りだし、縦長になるようにカットする。皿にごはんを盛りつけてカットした鶏肉をのせ、付け合わせの生野菜を添える。別添えにしたねぎだれをかけながらいただく。

part 1　一皿で様になるごはんもの　RECIPE_16

むかごと鶏肉の
カオマンガイ

秋の味覚むかごをばぁばのひねり技でカオマンガイに！アジアンなタロイモごはんのイメージ。

材料［2人分］
米 — 2合
鶏もも肉 — 中2枚
むかご — 1カップ強
にんにく、しょうが — 各1片
鶏ガラスープの素(顆粒) — 小さじ1
パクチー — 適量
{ねぎだれ}
長ねぎ — 70g
醤油 — 大さじ2
酢 — 大さじ4
ごま油 — 大さじ1
砂糖、ナンプラー — 各小さじ1
豆板醤 — 小さじ½

作り方
1. 鶏もも肉はフォークなどで皮に穴を開ける。にんにくは叩きつぶし、しょうがは薄切りにする。
2. 炊飯器にといだ米を入れ、2合の目盛りに水加減をして30分ほど浸す。**1**のにんにく、しょうがと鶏ガラスープの素、むかごを加え、上に**1**の鶏もも肉をのせて炊く。
3. ねぎだれを作る。長ねぎはみじん切りにし、ほかの材料すべてと合わせておく。
4. **2**のごはんが炊けたら、鶏肉を炊飯器から取りだし、縦長に切る。むかごとごはんを混ぜて熱いうちに刻んだパクチーも加えて混ぜる。
5. 皿に**4**のむかごごはんを盛りつけてカットした鶏肉をのせ、ねぎだれをかけながらいただく。

part 1　一皿で様になるごはんもの　**RECIPE_17**

パエリヤ

忙しくても活気のない食卓は嫌。ごはんとおかずとおつまみを一皿で同時に作ってゴージャスに！

材料 [28cmパエリア鍋1台分]

- 米 ― 1.5合
- 小サイズのヤリイカ ― 6杯
- ムール貝(殻つき) ― 10個
- オリーブオイル ― 適量
- 玉ねぎ ― 1/2個
- にんにく ― 2片
- クミンシード ― 少々
- トマト缶 ― 1/2缶(200ml)
- コンソメスープ ― 200ml
- サフランパウダー ― 少々
- 白ワイン ― 50ml
- ピーマン ― 1個
- アスパラガス ― 4本
- プチトマト ― 5個
- 塩、こしょう ― 各少々
- パクチー ― 適量
- レモン ― 1個

作り方

1. 玉ねぎとにんにくをみじん切りにし、パエリヤ鍋にオリーブオイルを熱して炒め、クミンシードも加えて香りを出す。米は洗わずそのまま鍋に加えて玉ねぎが透明になるまで一緒に炒める。

2. **1**にトマト缶の実を潰したもの、コンソメスープ、サフランパウダーを加えて混ぜる。米を平らにした上に、足を抜きわたを除いたイカとムール貝を並べる。

3. **2**に白ワインを入れてふたをする。ムール貝の口が開いたらふたを開け、食べやすいサイズにカットしたピーマンとアスパラガス、プチトマトをのせて塩、こしょうをふって味をととのえる。

4. 鍋にふたをして弱火で約20分炊く。米がかたければスープを足して追い炊きし、やわらかい場合はふたを開けて水分を飛ばすなどして調整をする。

5. パクチーを散らし、レモンをしぼっていただく。

part 1 一皿で様になるごはんもの　RECIPE_18

ステーキ丼

ばぁば流、手抜き時短ごはんNo.1がこちら。焼くだけ簡単ステーキをほかほかごはんにのせるだけ！

材料[2人分]

白飯 ― 250g
牛肉(ヒレもしくはサーロイン) ― 300g
塩、粗びき黒こしょう ― 各少々
にんにく ― 2片
醤油 ― 大さじ1
大葉、ベビーリーフ ― 各適量

作り方

1. 牛肉を一口大に切り、塩、粗びき黒こしょうを軽くふる。

2. 温かいごはんをお皿に盛り、上に大葉とベビーリーフをのせておく。

3. フライパンにサラダ油少々(分量外)を熱し、スライスしたにんにくを炒め、香りを出す。

4. **2**に**1**を入れ、強めの中火で転がしながらさっと焼く。表面が焼けたら火をとめる直前に醤油を回しかける。フライパンの底でほんの少し醤油が焦げるくらいがおいしく仕上がる。

5. **2**に**4**をのせていただく。

part 1 一皿で様になるごはんもの RECIPE_19

バターチキンカレー

簡単料理ばかりのばぁばが珍しく手間をかけて、仕込みは前日から。たまには時間をかけたレシピ。

材料[4人分]

白飯 — 500g
鶏もも肉 — 2枚
ヨーグルト — 150g
バター — 70g
玉ねぎ — 1個
にんにく — 2片
しょうが — 1片
クミンシード — 小さじ½
トマト缶 — ½缶
コンソメキューブ — 1個
ローリエの葉 — 1枚
みりん — 大さじ1
カレールー(市販) — ½箱
A｜カルダモンパウダー — 小さじ½
　｜カレーパウダー — 大さじ1
付け合わせの野菜 — 適量
らっきょう — 適量
干しぶどう — 適量
生クリーム — 適量

作り方

1. 鶏もも肉を一口大に切り、ヨーグルトに一晩漬け込む。漬け汁のヨーグルトは捨てずにとっておく。

2. 鍋に分量の3分の2のバターを溶かし、細かく刻んだ玉ねぎとにんにくとしょうが、クミンシードを入れ、弱火でゆっくり炒める。

3. 2に缶のトマトを入れ煮立てたら、1の鶏もも肉、漬け汁のヨーグルトと、コンソメキューブ、ローリエの葉、みりんを加えて煮る。

4. 鶏肉がやわらかく煮えたら市販のカレールーを溶かす。火をきる直前に**A**と残りのバターを加えて混ぜ合わせる。

5. 皿に温かいごはんと付け合わせの野菜、らっきょう、干しぶどうをのせて、**4**のカレーをかける。最後にお好みで生クリームをたらす。

part 1 一皿で様になるごはんもの **RECIPE_20**

セロリチャーハン

いつものチャーハンもセロリの葉を入れて香味豊かに。葉は最後にさっと炒めるのがポイント。

材料 [2 人分]

白飯 ― 350g
にんにく ― 1片
スライスベーコン ― 2枚
セロリの葉 ― 40g
コンソメ(顆粒) ― 小さじ1
こしょう ― 少々
醤油 ― 小さじ2

作り方

1. にんにく、ベーコン、セロリの葉を粗みじん切りにする。

2. フライパンにごま油少々(分量外)を熱し、**1**のにんにくを弱火で炒めて香りを出す。

3. 2にベーコンを加えて炒める。ベーコンの表面がパリッとしてきたら、白飯とセロリの葉を入れて炒め、コンソメとこしょうで味つけする。

4. 火をとめる直前に、醤油をふりかけて炒める。

part 1 一皿で様になるごはんもの **RECIPE_21**

パクチーおにぎり

ばぁばが大好きなパクチーでおにぎり。ナンプラーの隠し味に柚子とパクチーのさわやかさが絶妙！

材料 [4個分]

白飯 — 500g
パクチー — 80g
しらす — 大さじ1
柚子皮(千切り) — 大さじ1
麺つゆ — 大さじ1
いりごま — 大さじ1
ナンプラー — 小さじ1
すりおろししょうが — 小さじ½

作り方

1. パクチーは熱湯にひとつまみの塩(分量外)を入れ、さっとゆでる。冷水にあげ、しっかりしぼったら細かく刻む。

2. 炊きたての熱いごはんに**1**とそのほかの材料すべてを入れ、さっくりと混ぜる。

3. **2**を4等分にして、かたくならないようにふんわりとにぎる。

part 1　一皿で様になるごはんもの　RECIPE_22

せりのおにぎり

いつもはパクチーで作るおにぎりを、せりでアレンジ。山椒の実の醤油が隠し味でおいしい！

材料 [4個分]

白飯 — 500g
せり — 80g
A│山椒の実の醤油漬け — 小さじ2
　│柚子皮(千切り) — 小さじ1
　│削り節 — 大さじ2
　│いりごま — 大さじ1
　│ナンプラー — 小さじ1
焼き海苔 — 適量

作り方

1. せりは熱湯にひとつまみの塩(分量外)を入れ、さっとゆでる。冷水にあげ、しっかりしぼったら細かく刻む。

2. 炊きたての熱いごはんに**1**とそのほかの材料すべてを入れ、さっくりと混ぜる。

3. 2を4等分し、かたくならないようにふんわりとにぎり、焼き海苔を巻く。

ばぁばの山椒しごと

　ばぁばの、夏を迎える台所しごと、それが山椒の実の保存。山椒の実を醤油に漬けて瓶で保存します。これをやらないと夏が来ない！　山椒の実がスーパーに並ぶのを見ると、「来たー！　この季節」と毎年思います。

　山椒の実が出回るのは、だいたい6月頃。1年分をストックしないといけないので、毎年約300gくらいでしょうか……ひたすら作業、作業！

　枝からはずして、下ごしらえしたものをさらにゆでて、味つけして……面倒くさいことこの上ない！　でも私の料理には年間通じて必要なスパイスなのです。

　前ページのお寿司やおにぎりに混ぜ込んでいるのはこちらの醤油漬け。もちろん市販のものを使ってもいいけれど、好みの味に仕上げられるのは自家製ならでは。

　ちなみにばぁばの下ごしらえは自己流なので、「日本料理のやり方はそうじゃない！」なんて言わないでね。お醤油に漬けて来年まで使います。

山椒の実の下ごしらえ

材料
山椒の実 ― 約300g
醤油 ― 適量

作り方
1. 山椒の実を枝からハサミで切り落とす。
2. 1をよく洗い、1時間ほどたっぷりの水につけ、熱湯で約10分ゆでてざるに上げる。
3. 冷ましてガラス瓶などの保存容器に入れ、1の実が容器の中で全部かくれるくらいのたっぷりの醤油に漬けて冷蔵保存する。

◎こうして保存している山椒の実を、必要なとき、必要なだけ取り出してさらにゆでこぼし、味つけして使っています。味つけは本当にお好みなので、味見しながら少しずつ作ってみてください。
◎醤油煮にするとあまり保存がきかなくなるので、早めに使い切れる量だけ取り出して作るのがおすすめです。

山椒の実の醤油煮

材料
山椒の実の下ごしらえで
　冷蔵保存しているもの ― 適量
砂糖、みりん、醤油 ― 各適量

作り方
1.「山椒の実の下ごしらえ」で冷蔵保存していた山椒の実を必要な分だけ取り出し、ざるに上げて醤油をきる。
2. 小鍋に熱湯を用意し、1の実を中火でゆで、辛味とあく抜きをする。好みの実の状態になるまで30分くらいゆでる。
3. 2をゆでこぼしたら、新たに少量の水を入れ、砂糖、みりん、醤油で煮て味つけをする。少し濃いめの味に仕上げ、よく冷ましてから使う。

◎お寿司、ドレッシング、餃子、たけのこの煮ものなどにスパイス感覚で少量ずつ使っています。そのまま使って、辛ければみじん切りにしてほんの少し使っても。

kyokoba_ba
part 2

大皿で楽しめる煮物

BOILED RECIPE

煮物は、長年作り続けてきた経験値がものをいうばぁば自慢の料理。調味料はほとんど目分量、おおざっぱに入れていますが大丈夫、おいしく仕上げられます。それくらい年季が入った煮物なので、じつは今回のレシピ作成にあたり、初めてしっかり分量をはかるという作業を行いました。煮物は素材の大きさや鍋の大きさによって、味つけが変わることもあるので、味見をしながら自分の好みを見つけていくといいと思います。

にんにくとしょうがの二大スパイスを使う中華の煮物、家庭料理の基本となる煮魚、意外と簡単に作れるチャーシューなど、豪華に見栄えする大皿料理を選びました。人が集まる場でワイワイ囲んで楽しめる煮物の大皿料理は、得意料理にしておくと急なおもてなしにも活躍します。

part 2 大皿で楽しめる煮物　RECIPE_01

鶏の骨つきセロリ煮

ばぁばが作るセロリ煮の原点がこれです！ 20歳くらいのころ、中華の煮物をこれで覚えました。

材料 [作りやすい分量]

骨つき鶏肉 ― 800g

セロリ(葉茎を含む) ― 150g

A｜にんにく(みじん切り) ― 2片分
　｜しょうが(みじん切り) ― 1片分

B｜砂糖 ― 大さじ1
　｜みりん ― 大さじ2
　｜醤油 ― 大さじ4
　｜酒 ― 大さじ3
　｜水 ― 大さじ5

ごま油 ― 大さじ1

作り方

1. 鍋にごま油少々(分量外)を熱し、**A**を炒めて香りを出し、骨つき鶏肉を炒める。

2. 鶏肉に火が通ったら、ざく切りにしたセロリの葉と茎を入れて一緒に炒める。

3. セロリがしんなりしたら、**B**を入れて鍋のふたをして弱火で約25分煮る。途中、鍋をゆすったりして肉全体が煮汁につかるようにしておく。

4. 火をとめる直前にごま油を鍋全体にふりかける。鍋ごと冷めるまで時間を置くと味がよくしみる。

part 2　大皿で楽しめる煮物　RECIPE_02

鶏手羽八角煮

昔から人が集まると必ず作っているばぁばの得意料理。何本でも食べられちゃうクセになるおいしさ。

材料 [作りやすい分量]

- 鶏の手羽先 ― 10本
- にんにく ― 1片
- しょうが ― 1片
- A
  - 水 ― 80mℓ
  - 醤油 ― 大さじ3
  - 酒 ― 大さじ3
  - みりん ― 大さじ2
  - 砂糖 ― 小さじ2
  - 八角 ― お好みで適宜
- ごま油 ― 小さじ2

作り方

1. 手羽先の先端を切り落とす。関節の軟骨部分に包丁を入れるとすっと切断できる。切ったものはあとでスープなどに使うのがおすすめ。
2. 鍋にごま油少々(分量外)を熱し、みじん切りにしたにんにくとしょうがを弱火で炒め香りを出す。
3. 2に1を入れやや焦げ目がつくまで中火で炒める。
4. 3にAを入れ、落としぶたをして中火で約15分煮込む。途中、煮汁が煮詰まりそうだったら、少量の水か酒(分量外)を加えて調整する。
5. 火をとめる直前にごま油をふりかける。鍋ごと一晩置くと味が安定する。

ブリ大根

part 2　大皿で楽しめる煮物　RECIPE_03

お酒のお供にちょっぴり濃いめで仕上げたおかず。写真は2日目の状態。味がしみて一層おいしい。

材料 [3人分]

- 大根 ― 約20cm
- ブリのあら ― 400g
- 昆布 ― 10cm角
- しょうが ― 1片
- A
  - 醤油 ― 大さじ3
  - みりん ― 大さじ2
  - 砂糖 ― 大さじ2
  - 塩 ― 少々
  - 酒 ― 150ml
  - 水 ― 100ml
- 柚子皮、三つ葉 ― 少々

作り方

1. 大根は輪切りにして面取りをし、昆布と小さじ1の米(分量外)と一緒にやわらかくなるまで煮る。煮えたら昆布と一緒に大根を取り出しておく。
2. ブリのあらは、血合いの部分を取り除き、洗い流してきれいにしておく。
3. 2に塩を少々(分量外)ふり10分ほど置く。出てきた水分と塩分をペーパーでふき取ったら、つぶしたしょうが少々(分量外)を入れた熱湯にくぐらせ、ゆでこぼして臭みを流す。
4. 鍋に1と3、スライスしたしょうが、Aをすべて入れ強火で沸騰させる。一度沸騰したらすぐ落としぶたをして弱火で約20分煮る。
5. 細切りにした柚子皮とざく切りにした三つ葉を添える。

ブリのあら煮

part 2　大皿で楽しめる煮物　RECIPE_04

上物のあらを発見したら煮物で決まり。柚子をしぼってさわやかな風味に。日本酒が欲しくなりますね。

材料 [作りやすい分量]

ブリのあら(血合いの少ないカマ) ― 600g
しょうが ― 1片
醤油 ― 大さじ2
みりん ― 大さじ2
酒 ― 大さじ2
水 ― 大さじ1
砂糖 ― 小さじ1
三つ葉、柚子 ― 適宜

作り方

1. ブリのあらは、血合いの部分を取り除き、洗い流してきれいにしておく。

2. **1**に塩を少々(分量外)ふり10分ほど置く。出てきた水分と塩分をペーパーでふき取ったら、つぶしたしょうが少々(分量外)を入れた熱湯にくぐらせ、ゆでこぼして臭みを流す。

3. 鍋に**2**のブリとスライスしたしょうが、そのほかの調味料をすべて入れ、強火で沸騰させる。一度沸騰したらすぐ落としぶたをして弱火で約10分煮る。途中、何度か煮汁をかけながら煮る。

4. お好みで三つ葉を添えて、柚子をしぼる。

part 2　大皿で楽しめる煮物　**RECIPE_05**

アジの煮付け

ばぁばの経験値がものをいう料理といえば煮物。甘めの調味料と青魚を使ってごはんがすすむ煮付け。

材料 [3 人分]
アジ ― 3尾
醤油 ― 大さじ2
みりん ― 大さじ2
酒 ― 大さじ3
水 ― 大さじ1
砂糖 ― 小さじ2
しょうが ― 1片

作り方

1. アジは頭とわた、ゼイゴを取り除き流水できれいに洗う。

2. 鍋に調味料をすべて入れてひと煮立ちさせたら、アジを並べ入れスライスしたしょうがを入れ強火で煮る。

3. 再びひと煮立ちさせたらすぐ弱火にし、落としぶたをして煮汁をかけながら約5分煮る。

4. お皿に煮汁と一緒に盛り、しょうがの千切りや葉野菜などをお好みでのせる。

part 2　大皿で楽しめる煮物　RECIPE_06

カレイの煮付け

煮魚は、ばぁばが作る家庭料理の基本。おいしい日本酒を選んでワンランク上の仕上がりに。

材料［2人分］

子持ちカレイ ― 2尾
しょうが ― 1片
A｜酒 ― 100mℓ
　｜水 ― 100mℓ
　｜砂糖 ― 大さじ1
　｜みりん ― 大さじ2
　｜醤油 ― 大さじ2

作り方

1. カレイは包丁の背などで鱗やぬめりを取り除き洗い流す。ペーパーで水気をふき取り、味がしみ込むように切り込みを入れておく。

2. フライパンなどの浅く広い鍋に**A**を入れて強火で煮立たせる。

3. 2に**1**としょうがを入れ、アルミ箔やオーブンペーパーなどで落としぶたをして再び煮立せる。煮立ったら、強めの中火にして約7分煮る。途中、何度か煮汁をかけながら煮る。

part 2　大皿で楽しめる煮物　RECIPE_07

アクアパッツァ

白ワインをたっぷり使った蒸し煮。男子がガツンと作る料理に憧れて挑戦したばぁば流の男前料理です。

材料 [2人分]

- イシモチ ― 1尾
- 塩、こしょう ― 各少々
- 白ワイン ― 180mℓ
- パセリ(みじん切り) ― 少々
- タイム ― 適宜
- クミンシード ― 少々
- にんにく ― 2片
- オリーブオイル ― 適量
- A
  - つぶ貝 ― 12個
  - プチトマト ― 6個
  - ブラックオリーブ(瓶詰) ― 6個
  - まいたけ ― 1パック
  - 長ねぎ ― 適量
- パセリ ― 適量

作り方

1. イシモチは内臓やウロコをきれいに処理し、つぶ貝は砂出ししておく。
2. 1のイシモチに塩を少々ふり、約15分置き、出てきた水分をペーパーで軽くふき取る。
3. 2に塩、こしょうをふり、切り目を入れる。後で、貝やオリーブから塩分が出るので塩は少なめにしておく。
4. 鍋にオリーブオイルを熱し、つぶしたにんにくとクミンシードを入れて炒め、香りが出たら、3を鍋底に置く。イシモチはやわらかいので、ひっくり返さずにそのままで火を通す。
5. Aのまいたけを一口大に手でちぎる。4のイシモチの周りにAを彩りよく配置して、白ワインを回しかける。
6. 5の上にタイムをのせ、オリーブオイルをふりかけたら、ふたをして弱火で約7分蒸し煮する。味見をして、必要なら塩を加える。
7. みじん切りしたパセリを彩りよく散らす。

part 2　大皿で楽しめる煮物　RECIPE_08

肉かぼちゃ

肉じゃがならぬ肉かぼちゃ。玉ねぎだと普通なので長ねぎを使ってみたら新鮮かつ感動的なおいしさに！

材料 [2人分]

かぼちゃ ― 1/4個
豚肉切り落とし ― 120g
長ねぎ ― 60g

A
- かつおだしの素(顆粒) ― 小さじ1
- 砂糖 ― 小さじ2
- みりん ― 大さじ1
- 醤油 ― 大さじ2

作り方

1. かぼちゃの皮は緑部分を残すようにむいて、一口大に切ったら面取りしておく。

2. 長ねぎは斜め切り、豚肉は一口大に切る。

3. 鍋底にかぼちゃを並べ、ヒタヒタの水で少しかためにゆでる。

4. 3に2を入れて豚肉に火が通ったら、**A**を加えて弱火でひと煮立ちさせる。鍋の大きさによって水分量が変わるので、ここで味見をして、好みの味にととのえる。

5. 鍋をゆすりながら、鍋底のかぼちゃと**A**をなじませる。煮くずれする直前で火をとめる。

part 2　大皿で楽しめる煮物　RECIPE_09

簡単自家製チャーシュー

簡単に作れて豪華に見えるのでおもてなしにおすすめ。日常でもラーメンや炒飯など使い回せて便利。

材料 [4〜5人分]

豚肩ロースブロック肉 — 1kg
黒こしょう — 適量
にんにく — 1房
しょうが — 1片
長ねぎ — 1本
A｜醤油 — 100mℓ
　｜みりん — 100mℓ
　｜酒 — 100mℓ
　｜水 — 150mℓ
　｜砂糖 — 大さじ1
　｜ウスターソース — 小さじ1
　｜オイスターソース — 小さじ1

作り方

1. ブロック肉をひもで縛り細長く形成する。

2. 1に黒こしょうをすり込み、サラダ油少々(分量外)を熱したフライパンに入れる。肉を転がしながら表面を強火で焼く。

3. 鍋に**A**と**2**を入れる。横半分に切ったにんにく、スライスしたしょうが、大きく切った長ねぎを加える。

4. 強火で沸騰するまで煮て、アクを取る。落としぶたと鍋のふたをして弱火で1時間煮る。途中、あくを取りながら肉が煮汁に浸かっているか確認する。浸かっていなければ鍋をゆすったり、肉をひっくり返したり、煮汁をかけたりして調整する。1時間煮たら火をとめ、ふたをしたまま冷めるまで置く。

5. 冷めたらひもをはずしスライスする。煮汁や柚子こしょう、粒マスタードなどを小皿に入れ、お好みでつけていただく。

part 2　大皿で楽しめる煮物　RECIPE_10

豚すね肉のチャーシュー

油をなるべくカットするため、すね肉を使用。八角や豆鼓で味に深みを出します。

材料 [4人前]

豚すねブロック肉 — 700g
黒こしょう — 適量
にんにく — 1片
しょうが — 1片
長ねぎ(緑の部分で可) — ½本

A
| 醤油 — 70㎖
| みりん — 50㎖
| 酒 — 70㎖
| 水 — 100㎖
| 砂糖 — 小さじ2
| 八角の実 — 少々
| 豆鼓 — 3粒

作り方

1. ブロック肉をひもで縛り細長く形成する。すね肉は小さいので2個を組み合わせて縛るとよい。
2. 1に黒こしょうをすり込み、サラダ油少々(分量外)を熱したフライパンに入れる。肉を転がしながら表面を強火で焼く。
3. 鍋にAと2、スライスしたしょうが、つぶしたニンニク、大きく切った長ねぎを入れる。
4. 強火で沸騰するまで煮て、アクを取る。落としぶたと鍋のふたをして弱火で1時間煮る。途中、アクを取りながら肉が煮汁に浸かっているか確認する。浸かっていなければ鍋をゆすったり、肉をひっくり返したり、煮汁をかけたりして調整する。1時間煮たら火をとめ、ふたをしたまま冷めるまで置く。
5. 冷めたらひもをはずしスライスする。煮汁やレモン、粒マスタードなどを小皿に入れ、お好みでつけていただく。

◎豆鼓は粒をみじん切りにして加える。なければ省いてもよい。

column 2

ばぁばの柚子しごと

　山椒の実が初夏の台所しごとなら、冬支度の夜なべしごとは柚子！　暮れが近づく11月終わりから12月初めくらいに一気に行います。

　柚子は季節もののうえ、旬の時期には安い！　この季節に箱買いして、1年分の柚子皮を冷凍。皮の黄色い部分だけをナイフでこそげ、数枚ずつを小分けにしてラップに包む……。気が遠くなるくらい面倒くさい作業です。

　でも、柚子の香りや効能がいちばん詰まっているのは皮。これを一年中使いたいから、毎年、年末を迎える前の私の宿題なのです。

　今年も元気にこの作業ができることへの感謝を込めて。来年もこれでおいしいものをいっぱい作ろう！

　柚子の実のほうは、皮を足してマーマレードやジャムなどもトライしていますが、まだ「これ！」というレシピにはならず研究中です。

柚子の皮の冷凍保存

材料 ［作りやすい分量］
柚子の — 約20個
　（一年間使う分量・Mサイズ）

作り方
1. ゆずはよく洗い、乾いたふきんで水分をしっかりふき取る。
2. ナイフで皮だけ薄く削いでいく。内側の白いわたを一緒にむかないように気をつける。3～4cm角の大きさがちょうどよい。
3. 2を3～5枚ずつまとめ、空気が入らないようにきっちりラップで包む。
4. 3を並べてジップ付きのビニール袋に空気を抜いて入れ、冷凍保存する。
5. 保存中も空気に触れないよう注意する。必要な分だけ取り出して使用する。

◎徹底して空気に触れないよう、注意して保存すると冷凍庫で1年間、きれいな柚子色のままで皮が保存できます。長期保存の場合は時々ジップ付きの袋も何度か替えるとよいでしょう（冷凍庫の臭い移り防止のため）。
◎凍ったまま細切りにしたりみじん切りにしたりして、汁ものや煮もの、和えものやまたはトッピングにそのまま使えます。ばぁばの料理に季節を問わずやたらと柚子皮が使われているのは、これがあるからです。

kyokoba_ba
part 3

一品加えたい
サラダやマリネ

SALAD & MARINADE

メインのお料理に添えて、サラダやマリネを用意することが多い我が家。しっかりお野菜を取り入れて食のバランスを考えるのもばぁばの役目です。我が家の夕飯は必ず晩酌をするので、前菜としてつまみ代わりにするという意味合いも。

単調になりがちなサラダは、スパイスや香味野菜を使って味にアクセントをつけたり、クスクスやキヌアなど珍しい食材を取り入れて新鮮な食感をプラスしたり、さまざまなアイデアを盛り込むことで楽しい食卓にしています。「これとこれをこうしたらおいしくなるかな?」と好奇心旺盛に試してみるのがばぁばの持ち味。食べたことのない食材にも果敢にチャレンジしています。

また、食卓を華やかにするためには彩りも大事。元気な色の食材をたっぷり使いましょう!

part 3 一品加えたいサラダやマリネ　RECIPE_01

トマトとオリーブのマリネ

思わず「おいしすぎる」と自画自賛してしまう自信作。オリーブの塩気と酸味、スパイスのコンビが絶妙。

材料 [作りやすい分量]

プチトマト ― 15個
ブラック&グリーンオリーブ(瓶詰) ― 15個
玉ねぎ(みじん切り) ― 大さじ1
にんにく(みじん切り) ― 小さじ½
パセリ(みじん切り) ― 小さじ1
クミンシード ― 小さじ½
オリーブオイル ― 大さじ4
酢 ― 大さじ4
バルサミコ酢 ― 小さじ½
砂糖 ― 小さじ1
塩 ― 適量
タイム(フレッシュ) ― 少々
黒こしょう ― 少々

作り方

1. プチトマトとオリーブ、タイム以外の材料をすべてよく混ぜておく。塩はオリーブの塩加減に合わせて調整する。

2. ガラスやホーロー製の保存容器にプチトマトとオリーブを入れる。

3. **2**に**1**を加えてよくなじませ、タイムをのせる。1日漬け込むとよりおいしく仕上がる。

part 3 一品加えたいサラダやマリネ　RECIPE_02

シーフードマリネ

魚介をたっぷり使ったごちそうレシピ。セロリ独特の香味とキリリとしたマスタードが活躍。

材料 [4人前]

セロリ(茎) — 80g

A
- バナメイエビ — 100g
- するめイカ — 2杯(約320g)
- 殻つきムール貝 — 400g

B
- 玉ねぎ(みじん切り) — 100g
- にんにく(みじん切り) — 2片分
- ケチャップ — 大さじ5
- マスタード — 大さじ1
- パセリ(みじん切り) — 20g
- サラダオイル — 大さじ3
- オリーブオイル — 大さじ1
- レモンのしぼり汁 — 1個分
- 塩 — 小さじ½

作り方

1. セロリは食べやすい大きさに斜め切りする。エビは殻をむき、背わたを抜く。イカは胴と足を離してわたを除いておく。

2. 鍋にたっぷりの熱湯を用意し、つぶしたにんにく1片(分量外)とスライスした玉ねぎ50g(分量外)を入れる。**A**を加えてゆで、魚介の臭みを取る。

3. **2**がゆで上がったらざるに上げ、にんにくと玉ねぎを取り除いてレモン汁(分量外)をふりかける。冷めたら食べやすい大きさに切っておく。

4. 大きめのボウルに**B**を入れよく混ぜてなじませる。

5. **4**に**3**とセロリを入れて、さっくりと和え大皿に盛る。

part 3 一品加えたいサラダやマリネ　**RECIPE_03**

鯛のカルパッチョ

お刺身大好きな我が家ですが、時々は違った視点で味わうのが楽しみ。鯛がおいしい初春はカルパッチョで。

材料［2人分］

真鯛(刺身用) — 半身1枚
柚子(スライス) — 数枚
A｜オリーブオイル — 大さじ1
　｜酢 — 大さじ1
　｜レモンのしぼり汁 — 小さじ2
　｜バルサミコ酢 — 小さじ1/2
　｜みりん — 小さじ1/4
　｜粗塩 — 小さじ1/4
　｜にんにく — 少々
　｜黒こしょう — 少々
カイワレ大根 — 適量
ピンク粒こしょう — 適量

作り方

1. 真鯛をスライスして皿に並べる。薄くスライスした柚子を上にのせる。

2. にんにくを細かくみじん切りにして、Aをよく混ぜドレッシングを作る。

3. 1に2を適量かける。ドレッシングは分離するのでかける前にしっかり混ぜ合わせる。カイワレ大根とピンク粒こしょうを彩りよくのせる。

part 3 一品加えたいサラダやマリネ　RECIPE_04

長いも叩きサラダ

ばぁばの叩いて調理シリーズ。シャキシャキ歯ごたえを残すものからトロトロまで叩き加減で自由自在です。

材料 [2人分]

長いも — 約15cm
オクラ — 2本
明太子 — ½腹
大葉(千切り) — 適量
万能ねぎ(小口切り) — 適量
柚子皮(千切り) — 少々
海苔 — 適量
わさび醤油 — 適量

作り方

1. 長いもは皮をむいてビニール袋に入れめん棒などで叩き、トロトロの状態にする。少しかたまりを残し、歯ごたえが感じられるくらいの叩き具合にしておく。

2. オクラをスライスしてさっとゆで、明太子、**1**とさっくり混ぜ合わせる。

3. 2をお皿に出して大葉と万能ねぎ、柚子皮をのせ、その上にちぎった海苔をのせる。

4. わさび醤油をかけていただく。

叩ききゅうりとお豆サラダ

きゅうりは、包丁で切らずに叩いて味をなじみやすくするのがポイント。バルサミコ酢とみりんを隠し味に。

材料 [2人分]

きゅうり — 1本
ビーンズ水煮(大豆、赤インゲン、ひよこ豆など) — 適量
水菜 — 2束
紫玉ねぎ — ¼個
アボカド — ½個
A｜塩、オリーブオイル、みりん、粗挽き黒こしょう、バルサミコ酢、レモンのしぼり汁 — 適量

作り方

1. きゅうりは塩でもみ、板ずりにしたら、めん棒などで叩き割る。

2. ビーンズの水煮はさっと熱湯にくぐらせ冷やしておく。

3. 水菜はざく切り、アーリーレッドはスライスし、アボカドは一口大に切る。2、1とともに混ぜ合わせて盛りつける。

4. Aを混ぜてドレッシングを作り、3にかけていただく。

part 3 　一品加えたいサラダやマリネ　**RECIPE_06**

トマトマリネサラダ

旬をおいしく取り入れるのが家庭料理の醍醐味。トマトがおいしい夏はにんにくを効かせたマリネで！

材料［2人分］

トマト(Mサイズ) ― 4個
干しぶどう ― 10g
A｜玉ねぎ(Mサイズ) ― 1/4個
　｜にんにく(すりおろし) ― 少々
　｜砂糖 ― 小さじ1/2
　｜サラダ油 ― 30mℓ
　｜オリーブオイル ― 30mℓ
　｜酢 ― 30mℓ
　｜塩 ― 小さじ1/4
　｜こしょう ― 少々
　｜パセリ(みじん切り) ― 適量
付け合わせの葉野菜 ― 適量

作り方

1. トマトは一口大に切る。干しぶどうは水にさらして少しやわらかくしたら、粗く切っておく。

2. Aの玉ねぎはみじん切りにし、ほかの材料とよく混ぜ合わせる。

3. ボウルに**1**を入れ、**2**を加えてざっくりと混ぜ合わせてから皿に盛りつける。お好みの葉野菜を添える。

鶏ハムサラダ

part 3　一品加えたいサラダやマリネ　RECIPE_07

食べごたえのある鶏ハムサラダはおもてなしの前菜にも。趣の違う3種類のソースで楽しく。

材料 [2本分]

鶏むね肉 ― 2枚
砂糖 ― 小さじ2
塩 ― 小さじ2
こしょう ― 少々
A 玉ねぎ(スライス) ― ¼個
　　しょうが(スライス) ― 5枚
　　セロリの葉 ― 少々
パクチー、トマト、カットレモン ― 適量
{ソース1}
スイートチリソース ― 大さじ2
ナンプラー ― 小さじ1
{ソース2}
マヨネーズ ― 大さじ2
粒マスタード ― 大さじ1
{ソース3}
岩塩 ― 大さじ1
ドライローズマリー(みじん切り) ― 小さじ1
粗びき黒こしょう ― 適宜

作り方

1. 鶏むね肉を観音開きにして、砂糖と塩をすり込み、こしょうをふる。
2. ビニール袋に**1**と**A**を入れ空気を抜いて密閉し、冷蔵庫で数時間寝かせる。ビニールから取り出して水分をペーパーでふき取る。
3. **2**の幅広いほうを手前にし、空気が入らないようにしてロール状にしっかり巻いていく。ロール状になったものをラップに包み、両端をしっかり結ぶ。
4. 熱湯を沸かした鍋に**3**を入れふたをして沸騰したまま5分煮る。火をとめて3時間、余熱で火を通す。
5. ソース1、2、3はそれぞれ分量を混ぜ合わせて小皿に移す。
6. **4**を輪切りにして大皿に盛り、パクチー、トマトを添える。ソースをかけ、お好みでレモンをしぼりいただく。

part 3 一品加えたいサラダやマリネ　**RECIPE_08**

鶏肉サラダごまだれ

高たんぱく低カロリーを目指したレシピ。練りごまは使わず、サラダ以上バンバンジー未満の仕上がり。

材料 [2人分]

鶏むね肉 — 1枚
しょうが — 少々
きゅうり — 2本
オクラ — 3本
プチトマト — 3個
パクチー — 少々

A
| マヨネーズ — 大さじ1
| ポン酢醤油 — 大さじ2 ½
| ごま油 — 大さじ1
| すりごま — 大さじ1

作り方

1. 鶏むね肉は皮をつけたままで、スライスしたしょうがと一緒にゆでる。皮からだしが出るのでゆで汁は捨てずにスープに使うのがおすすめ。

2. **1**の肉に火が通ったら取り出し、皮を取り除き、食べやすい細さに肉の繊維に沿って指で裂き、冷ましておく。

3. 細切りにしたきゅうりの上に**2**をのせ、食べやすく切ったプチトマト、オクラ、パクチーで彩りよく盛りつける。

4. **A**を混ぜ合わせてドレッシングを作る。マヨネーズがダマにならないよう、少しずつポン酢醤油、ごま油を加えてのばし、最後にすりごまを加える。

5. **3**に**4**をかけていただく。

part 3　一品加えたいサラダやマリネ　RECIPE_09

2色の浸し豆

クミン、ナンプラー、パクチーを使ったアジアン風。酸味はあえてつけず最後にレモンでアクセントを。

材料 [約18cm×22cmのホーローバット1台分]

ひよこ豆(水煮) — 1缶
赤インゲン豆(水煮) — 1缶
A｜にんにく(みじん切り)…少々
　｜玉ねぎ(みじん切り) — 1/4個分
　｜鷹の爪(輪切り) — 少々
　｜クミンパウダー — 小さじ1/2
　｜醤油 — 小さじ2
　｜水 — 200mℓ
　｜ナンプラー — 小さじ1
　｜鶏ガラスープの素(顆粒) — 小さじ1
　｜砂糖 — 小さじ1
パクチー(みじん切り) — 少々
レモン — 1/2個

作り方

1. Aを混ぜ合わせ漬け汁を作る。
2. 2種類の豆を缶から出し、水切りして洗い流し、沸騰したお湯にさっとくぐらせ湯切りしておく。
3. 2がまだ熱いうちにバットに広げて1を全体に回しかける。冷めるまで何度か混ぜ合わせる。
4. 冷めたら冷蔵庫に入れ、翌日まで味をゆっくりしみ込ませる。
5. パクチーを散らして、レモンをしぼりいただく。

part 3　一品加えたいサラダやマリネ　RECIPE_10

クスクスサラダ

春を意識したかわいいサラダ。たっぷり野菜で彩り豊かに。クスクスの不思議な食感と味も楽しめます。

材料［2人分］

クスクス(乾燥) ― 50g
熱湯 ― 80㎖
オリーブオイル ― 小さじ1
ゆで玉子 ― 1個
A｜くるみ、紫キャベツ、スナップエンドウ、パクチー、カイワレ大根、トマト、アボカド ― 適量
お好みのドレッシング ― 適量

作り方

1. **A**のくるみはフライパンで軽く炒り、スナップエンドウはかために塩ゆでして冷ましておく。野菜は食べやすい大きさに切っておく。
2. ボウルにクスクスと熱湯を入れラップをして約10分蒸らす。蒸れたら熱いうちにオリーブオイルをふりかけ、さっくり混ぜ合わせる。
3. **2**が冷めたら**A**の野菜を混ぜ合わせる。
4. **3**を皿に盛り、ゆで玉子を指でつぶして全体に散らす。
5. お好みのドレッシングをかけていただく。

part 3　一品加えたいサラダやマリネ　**RECIPE_11**

切り干し大根サラダ

切り干し大根は煮物だけではなく、サラダにもピッタリ！水で戻してそのまま生でも食べられます。

材料[2人分]

切り干し大根 — 150g
ひよこ豆(水煮) — 80g
にんじん — 50g
きゅうり — 40g
A｜ポン酢醤油 — 50mℓ
　｜ごま油 — 大さじ1
　｜砂糖 — 小さじ½
　｜粗びき黒こしょう — 少々
蒸し雑穀ミックス(市販のレトルトパック詰) — 20g
パクチー — 適量

作り方

1. 切り干し大根をたっぷりの水に浸けてゆっくり戻し(数時間から一晩)、かたくしぼる。ひよこ豆は水切りしておく。

2. にんじんときゅうりを小さなサイコロ状に切る。

3. Aを混ぜ合わせてドレッシングを作る。

4. 1、**2**、蒸し雑穀ミックス、**3**を和えて味をなじませる。パクチーをトッピングする。

part 3　一品加えたいサラダやマリネ　**RECIPE_12**

トマトとパクチーの根のサラダ

ばぁばのレシピで大活躍のパクチー。じつは根っこも食べられるんです！ さっそくサラダでその味を堪能。

材料 [2人分]

トマト(Mサイズ) — 2個
パクチー(根つき) — 2束
A｜レモン — 1個
　｜オリーブオイル — 適量
　｜バルサミコ酢 — 適量
　｜塩、こしょう — 各少々
　｜にんにく(みじん切り) — 少々

作り方

1. トマトはざく切り、パクチーは葉と根を食べやすいサイズに切る。

2. **A**のレモンは仕上げ用を少し残し、あとはしぼってレモン汁にする。**A**を混ぜ合わせてドレッシングを作る。

3. **1**を皿に盛りつけ、ドレッシングをかけ、レモンをしぼっていただく。

kyokoba_ba part 4

無限にできるおつまみとおかず

SIDE DISH

ごはん作りは毎日のこと。食材は昨日の余りを使うこともあるけれど、メニューは昨日と全然違うものにしたい。だから和・洋・中・エスニックと、いろんなタイプのおつまみやおかずを作っています。にんにくやスパイスをきかせた食欲をそそるメニュー、食材を変えて無限に広がる麻婆シリーズなど、ごはんがモリモリ進むばぁばのお得意おかず。残った食材を上手に使いきりたい、旬の食材をいつもと違った味つけで作りたい。そんなときに役立つごちそうメニューをたくさんご紹介します。

毎日のように晩酌しているのでお酒がどんどん進むおつまみも我が家には大事。インスタに上げている写真にも、時々お酒のグラスが写っているでしょ。砂肝ポン酢やワンタンの丘上げなど、ばぁば自慢の定番おつまみをお試しあれ。

part 4 無限にできるおつまみとおかず　RECIPE_01

アジアン枝豆

夏の旬といえば枝豆。塩味に飽きてきたらピリ辛の東南アジア風な味つけで煮ます。ビールと一緒に！

材料 [作りやすい分量]

枝豆 ― 250g
にんにく ― 2片
しょうが ― 1片
鷹の爪(輪切り) ― 少々
鶏ガラスープの素(顆粒) ― 小さじ1
水 ― 150㎖
A│オイスターソース ― 小さじ1
　│ナンプラー ― 小さじ2
　│みりん ― 小さじ2
　│醤油 ― 小さじ1
仕上げ用ごま油 ― 小さじ2

作り方

1. 枝豆をざるに入れ、ふたつまみの塩(分量外)で汚れをこすりだし、水で洗い流す。

2. たっぷりの沸騰した熱湯にひとつまみの塩(分量外)を入れて、さやのままで、**1**を約1分ゆでてざるに上げる。

3. にんにく、しょうがをみじん切りにする。フライパンにごま油少々(分量外)、にんにく、しょうが、鷹の爪を入れて弱火で炒め、香りが立ったら枝豆を入れる。油、しょうが、にんにくが豆となじむまで中火でさっと炒める。

4. **3**に水、鶏ガラスープの素を入れて強火でひと煮立ちさせ、**A**を入れて弱火で数分煮る。お好みのかたさ、味つけに合わせて煮る時間を調整する。冷めると味がしみるので薄味くらいがよい。

5. 煮えたらごま油をふりかけて火をとめる。時々鍋をゆすりながら冷めるまで置く。

6. 冷めたら煮汁と一緒に盛りつける。

part 4　無限にできるおつまみとおかず　**RECIPE_02**

ズッキーニとオイルサーディンのチーズ焼き

夏に登場する巨大ズッキーニを使ってピザ仕立てに。オイルサーディンの塩味とチーズのコンビが濃厚！

材料［2人分］

ズッキーニ(太めのもの) ― 1本
プチトマト ― 6個
にんにく ― 1片
塩 ― ひとつまみ
こしょう ― 少々
オイルサーディン ― 3本
ピザ用チーズ ― 60g
オリーブオイル ― 適量
パクチー ― 適量

作り方

1. にんにくはみじん切りにする。フライパンにオリーブオイルを入れ、弱火でにんにくを炒めて香りを出す。

2. ズッキーニを厚さ約2cmの輪切りにする。**1**のフライパンにオリーブオイルを少し足してズッキーニを入れ、全体にひとつまみの塩をふりかけたら、うっすら焦げ色がつくまでじっくり焼く。

3. 2をアルミ箔の上に取り出し、缶から出し油切りして半分に切ったオイルサーディンと、半分に切ったプチトマトを**2**にのせる。チーズをのせ、こしょうをふりトースターで焼く。

4. チーズが溶けたら皿に盛り、ざく切りにしたパクチーを散らす。

part 4 無限にできるおつまみとおかず　RECIPE_03

魚と野菜のグリル焼き

ホーローバットを使ってコンロ直火&オーブンで料理するレシピ。完成したらそのまま食卓へ出せて楽々!

材料 [約20×26cmのホーローバット1台分]

- アジ ― 2尾
- 岩塩 ― 少々
- 粗びき黒こしょう ― 少々
- 玉ねぎ ― 1/2個
- にんにく ― 2片分
- レモンスライス ― 2〜3枚
- ローズマリー ― 適量
- オリーブオイル ― 適量
- お好みのスパイス ― 少々
- A
  - じゃがいも ― 小6個
  - プチトマト ― 6個
  - 芽キャベツ ― 6個
  - しめじ ― 1/4束

作り方

1. アジはゼイゴやわたの処理をし、きれいに洗い流したら、ななめに切り目を入れて軽く塩、こしょうをしておく。
2. じゃがいもはゆでるか電子レンジで加熱して、軽く火を通しておく。
3. バットにオリーブオイルをひき、コンロの直火にかけ、にんにくのみじん切りと玉ねぎのスライスを炒める。
4. 火からおろし、3の玉ねぎを広げた上に1を置き、その周りにそれぞれ半分に切ったAを配置する。
5. 4の上にローズマリーとレモンをのせ、お好みのスパイスパウダー、塩、こしょうをふりかける。
6. 5にオリーブオイル少々をふりかけ200℃のオーブンで20分焼く。

part 4 無限にできるおつまみとおかず　**RECIPE_04**

芽キャベツスキレット

芽キャベツのほろ苦さと新じゃがのみずみずしさを堪能。ころころかわいい食材を使った春爛漫レシピ。

材料[16cmのスキレット使用]

新じゃが(小) ― 5〜6個
芽キャベツ ― 5〜6個
にんにく ― 1片
プチトマト ― 3〜4個
スライスベーコン ― 1枚
ローズマリー ― 少々
塩、こしょう ― 各少々
ピンク粒こしょう(お好みで) ― 少々

作り方

1. 新じゃがを軽くゆでる。芽キャベツは半分に切り、スライスベーコンは細かく切っておく。

2. スキレットにサラダ油少々(分量外)を熱し、みじん切りにしたにんにくを炒め、香りが出たらベーコンを炒める。新じゃがと芽キャベツ、ローズマリーを加えて、中火で転がしながら表面に少し焦げ目がつくくらい炒めて、塩、こしょうをふる。

3. **2**にプチトマトを入れ、くずれない程度に炒める。

4. 彩りにピンク粒こしょうなどをお好みで散らす。

麻婆メンマ

ついついお酒がすすむメンマの炒め煮。
オイスターソースの隠し味が効いたコク深い仕上がり。

材料 [2人分]

メンマの水煮 — 120g
合いびき肉 — 120g
長ねぎ — 6cm程度

A
- にんにく(みじん切り) — 1片分
- しょうが(すりおろし) — 1片分
- 鷹の爪(輪切り) — 少々

B
- みりん — 小さじ1
- 砂糖 — 小さじ½
- 醤油 — 大さじ1
- 酒 — 小さじ2
- オイスターソース — 小さじ1
- 豆板醤 — 小さじ½

生野菜(パクチーなど) — 適量
ごま油 — 少々

作り方

1. サラダ油少々(分量外)をひいたフライパンでAを炒めて香りを出し、合いびき肉と水切りしたメンマ、みじん切りにした長ねぎを炒める。
2. 1にBを入れ弱火にしたら、ゆっくり炒めて味をなじませる。
3. 2を皿に盛り、パクチーなどの生野菜を添える。
4. ごま油を少量たらしていただく。

part 4　無限にできるおつまみとおかず　RECIPE_06

麻婆かぼちゃ

無限に広がる麻婆シリーズ。なすは鉄板だけど、かぼちゃもおいしい！甘味と辛味のコンビが絶妙。

材料 [4人分]

- かぼちゃ — 350g(皮や芯を除いた分量)
- 合いびき肉 — 150g
- 水 — 70mℓ
- **A**
  - 長ねぎ(みじん切り) — 30g
  - にんにく(みじん切り) — 1片分
  - しょうが(すりおろし) — 1片分
  - 鷹の爪(輪切り) — 少々
- **B**
  - 砂糖 — 小さじ2
  - みりん — 小さじ2
  - 醤油 — 大さじ2
  - オイスターソース — 小さじ½
  - 鶏ガラスープの素(顆粒) — 小さじ½
  - 豆板醤 — 小さじ½
- **C**
  - 片栗粉 — 小さじ2
  - 水 — 大さじ2
- 生野菜(パクチーなど) — 適量
- ごま油 — 少々

作り方

1. かぼちゃは皮をむき一口大に切り、かためにゆでておく。
2. サラダ油少々(分量外)をひいたフライパンで**A**を炒め、香りが出たらひき肉を入れて炒める。水切りした1を加えてさっと炒める。
3. 2に水を入れ、ひと煮立ちしたらフライパンをゆすりながら**B**を入れて味つけをする。
4. **C**を混ぜ合わせ水溶き片栗粉を作る。3が熱いうちに少しずつ量を調整しながら回し入れ、濃度の様子を見ながらとろみをつける。
5. 皿に盛り、生野菜を添えて、ごま油少々をかけていただく。

◎水溶き片栗粉はすべて使うわけではなく、とろみ具合を見ながら調整します。ほかのレシピも同様です。

part 4 無限にできるおつまみとおかず　RECIPE_07

麻婆ごぼう

ごぼうのシャキシャキな食感と山椒の刺激的な辛さが魅力。水分が出にくいのでお弁当にもおすすめ。

材料 [4人分]

- ごぼう — 300g
- 鶏ひき肉 — 200g
- **A**
  - にんにく(みじん切り) — 1片分
  - しょうが(すりおろし) — 1片分
  - 鷹の爪(輪切り) — 少々
- **B**
  - 砂糖 — 小さじ2
  - みりん — 大さじ1
  - 醤油 — 大さじ2
  - ナンプラー — 小さじ2
  - 酒 — 大さじ2
  - 鶏ガラスープの素(顆粒) — 小さじ½
  - 山椒の実の醤油漬け — 小さじ1
- **C**
  - 片栗粉 — 小さじ2
  - 水 — 大さじ2
- ごま油 — 大さじ1
- 生野菜(水菜など) — 適量

作り方

1. ごぼうは土を洗い流し、皮をたわしなどで薄くむく。めん棒などで叩いて割り、食べやすい大きさにして水に約10分つけてあく抜きをする。

2. 1を水切りして、サラダ油少々(分量外)をひいたフライパンで食べやすいやわらかさまで炒める。

3. 2にサラダ油少々(分量外)と**A**を入れ、熱して香りを出す。さらにひき肉を加えて炒める。

4. **B**を混ぜ合わせておく。**C**を混ぜ合わせ水溶き片栗粉を作っておく。

5. 3に**B**を回し入れて強火にして味をからめる。**C**を混ぜた水溶き片栗粉を少しずつ量を調整しながら加えてとろみがでたら弱火にしてゆっくり炒め、味をしみ込ませる。火をとめる直前にごま油を回しかける。

6. 5を大皿に盛り、生野菜を添える。

part_4 無限にできるおつまみとおかず　RECIPE_08

麻婆ゴーヤー

夏の栄養野菜、ゴーヤーを主役に厚揚げを使って麻婆豆腐仕立てに。お供のお酒はもちろん泡盛で。

材料［4人分］

- ゴーヤー ― 150g（種を除いた分量）
- 豆腐厚揚げ ― 150g
- にんにく（みじん切り） ― 1片分
- しょうが（みじん切り） ― 1片分
- 長ねぎ（みじん切り） ― 40g
- 合いびき肉 ― 100g
- 水 ― 120mℓ
- A
  - 砂糖 ― 小さじ2
  - 醤油 ― 大さじ1½
  - みりん ― 小さじ1
  - 豆板醤 ― 小さじ½
  - オイスターソース ― 小さじ½
  - 鶏ガラスープの素（顆粒） ― 小さじ½
- B
  - 片栗粉 ― 小さじ2
  - 水 ― 大さじ2
- ごま油 ― 少々

作り方

1. ゴーヤーは輪切りにし、種とわたを取り除く。厚揚げはサイコロ大にカットする。
2. フライパンにサラダ油少々（分量外）をひき、にんにく、しょうが、長ねぎを炒めて香りを出す。
3. **2**に合いびき肉を入れ軽く炒めたらゴーヤーも加えてさらに炒める。
4. **3**のゴーヤーが炒まったら水、厚揚げを入れてひと煮立ちさせる。
5. **4**に**A**を入れて味つけし、沸騰したら混ぜ合わせておいた**B**の水溶き片栗粉を少しずつ濃度を調整しながら回し入れてとろみをつける。
6. ごま油をかけていただく。

part 4　無限にできるおつまみとおかず　RECIPE_09

そぼろ米なす

ビッグサイズの米なすを揚げずに多めの油でじっくりトロトロ炒めます。薬味てんこ盛りがおいしい！

材料 [2人分]

米なす ― 1個
にんにく(みじん切り) ― 1片分
しょうが(すりおろし) ― 1片分
鷹の爪(輪切り) ― 少々
長ねぎ(みじん切り) ― 50g
合いびき肉 ― 150g
サラダ油 ― 適量
A｜醤油 ― 小さじ2
　｜みりん ― 大さじ1
　｜鶏ガラスープの素(顆粒) ― ひとつまみ
みょうが ― 2個
パクチー、三つ葉、大葉など ― 適宜

作り方

1. 米なすを4枚の輪切りにし、約10分水に浸けてあく抜きする。

2. サラダ油少々をひいたフライパンにしょうが、にんにく、鷹の爪を弱火で熱し香りを出す。長ねぎと合いびき肉を加えて中火で炒め、**A**を入れて混ぜ合わせる。最後にごま油少々(分量外)をふりかける。

3. **1**の水けをよくきり、水分をしっかりふき取る。油の吸収をよくするため、切り口に切り目を入れておく。

4. フライパンに多めのサラダ油を入れ、**3**をじっくり中火で炒める。

5. なすの中心まで油がしみたら、皿に上げてなすの切り口に**2**をのせる。

6. **5**にみょうがの細切りをのせ、その上にざく切りにしたパクチー、三つ葉、大葉などを添える。

part 4 無限にできるおつまみとおかず　RECIPE_10

スペアリブの煮込み

ばぁばのスペアリブは仕上げにオーブンで焼いて香ばしく。砂糖でコトコト煮た自家製の柚子ジャムを使うことも。

材料［4〜5人分］

豚スペアリブ ― 800g
塩、こしょう ― 各少々
ナツメグパウダー ― 少々
にんにく（みじん切り）― 1片分

A｜赤ワイン ― 50㎖
　｜水 ― 50㎖
　｜トマト水煮 ― ½缶
　｜中濃ソース ― 大さじ1
　｜醤油 ― 大さじ4
　｜砂糖 ― 大さじ1
　｜マーマレード ― 大さじ3

生野菜 ― 適量
柚子皮スライス ― 少々

作り方

1. 豚スペアリブをたっぷりの湯でゆでる。肉がやわらかくなったら、ゆでこぼす。
2. フライパンにサラダ油少々(分量外)を熱し、1を入れ、塩、こしょう、ナツメグパウダー、にんにくを加えて炒める。
3. 鍋に2とAを入れ、落としぶたをして弱火で約5〜10分煮込む。
4. 3をオーブンに入るサイズのフライパンに入れ替え、180℃のオーブンで表面にうっすら焦げ目がつくまで焼く。ソースの甘味で焦げやすいので時間調整に注意する。
5. 4に生野菜を添え、柚子皮スライスを散らす。フライパンごと食卓に出していただく。

part 4　無限にできるおつまみとおかず　RECIPE_11

アボカドと生ハムグラタン

ホワイトソースを作る時間がない平日の夜に。生クリームとモッツァレラチーズを使ってグラタン気分！

材料 [約19×15×3cmのホーローバット1台分]

アボカド — 2個
プチトマト — 3個
生ハム — 80g
ローズマリー(ドライ) — 小さじ½
生クリーム — 50g
モッツァレラチーズ — 60g
ローズマリー(フレッシュ) — 1本
オリーブオイル — 少々
こしょう — 少々

作り方

1. バットにオリーブオイルをふりかけ全体にのばす。

2. アボカドは皮をむいてスライスし、バット全面に広げて並べる。

3. 2の上にプチトマトのスライスと生ハム、ドライローズマリーを全面に散らす。

4. 3にこしょうをふりかけ、生クリームを流し込む。

5. 4の全面にモッツァレラチーズをのせ、上に少量のオリーブオイルをふりかける。

6. フレッシュローズマリーを一番上にのせ、180℃のオーブンで30分焼く。

part 4　無限にできるおつまみとおかず　RECIPE_12

青梗菜とくるみの炒めもの

青梗菜はクタクタにやわらかく炒めるくらいがおすすめ。ごま油とくるみの香ばしさがアクセントに。

材料 [2人分]

青梗菜 — 4束
くるみ — 大さじ2
しょうが(すりおろし) — 1片分
にんにく(みじん切り) — 1片分
鷹の爪(輪切り) — 少々
豆鼓(みじん切り) — 2粒分
A│砂糖 — 小さじ½
　│オイスターソース — 小さじ1
　│醤油 — 大さじ1
　│鶏ガラスープの素(顆粒) — 小さじ½
ごま油 — 少々

作り方

1. 青梗菜は食べやすい大きさに切る。くるみは手で細かく割りフライパンでいる。
2. フライパンにサラダ油少々(分量外)を熱し、にんにくとしょうが、鷹の爪、豆鼓を炒めて香りを出す。
3. 2に青梗菜を入れて強火で一気に炒める。Aを混ぜ合わせて火をとめる直前に入れ、最後にくるみも加えて、素早く炒める。
4. お好みでごま油をたらしていただく。

part 4　無限にできるおつまみとおかず　RECIPE_13

春雨シュウマイ

シュウマイの皮はいろんなもので代用できちゃいます。春雨をぐるっと巻いて皮にしてしまうのがばぁば流。

材料 [2人分]

- 豚ひき肉 — 200g
- 干ししいたけ(スライス) — 5g
- 玉ねぎ — 70g
- 片栗粉(玉ねぎにまぶす用) — 小さじ1
- **A**
  - 片栗粉(肉に混ぜる用) — 大さじ2
  - 砂糖 — 小さじ1
  - 醤油 — 小さじ1
  - しょうが(すりおろし) — 1片分
  - オイスターソース — 小さじ1
  - ごま油 — 大さじ1
- 乾燥春雨 — 20g
- グリンピース(缶詰) — 適量

作り方

1. 干ししいたけを水で戻し、よくしぼってみじん切りにする。
2. 玉ねぎはみじん切りにして片栗粉をまぶす。
3. 1と豚ひき肉、Aを混ぜ合わせ、粘りが出るまで練る。2を加えてさらに粘り気を出したら、16等分にしてシュウマイのかたまりを作る。
4. 春雨を熱湯につけてかために戻す。3の側面に春雨を巻き付け、せいろに並べ、グリンピースをのせる。
5. 熱湯を沸かした鍋にせいろを設置し、7分強火で蒸す。
6. お好みで酢醤油や辛子などをつけていただく。

part_4 無限にできるおつまみとおかず **RECIPE_14**

砂肝にんにく炒め

ばぁばのホルモンおつまみ編。にんにくとパセリのアクセントが効いた赤ワインに合う美味です。

材料［2〜3人分］

砂肝 — 500g
にんにく — 1片
鷹の爪(輪切り) — 少々
塩 — 小さじ1/2
パセリ(みじん切り) — 大さじ1

作り方

1. 砂肝はよく洗い流し、すじなどをきれいに取り除き、厚みを半分に切り、火が通りやすくしておく。
2. にんにくを軽くつぶしてみじん切りにする。
3. フライパンにサラダ油少々(分量外)を熱し、**2**と鷹の爪を炒めて香りを出す。
4. **3**に**1**を入れて炒め、塩をふる。
5. 砂肝に火が通ったら、パセリのみじん切りを散らす。

part_4 無限にできるおつまみとおかず　RECIPE_15

砂肝ポン酢

安定したおいしさを誇るばぁばの定番料理。ごま油と柚子皮で風味アップ！　和からしが味を引き締めます。

材料 [4人分]

砂肝 — 300g
にんにく — 2片
しょうが — 1片
A｜八角 — 1個
　　和からし(チューブ) — 小さじ1
　　ポン酢醤油 — 150mℓ
　　ごま油 — 大さじ1
柚子皮(せん切り) — 適量

作り方

1. 砂肝はよく洗い流し、すじなどをきれいに取り除き、食べやすい大きさに切る。

2. たっぷりの熱湯につぶしたにんにくとスライスしたしょうが、**1**を入れて中火で約10分ゆでる。

3. ボウルに**A**を入れて混ぜ合わせ、湯切りした**2**を熱いうちに入れて混ぜる。

4. **3**が冷めたら柚子皮を加え、砂肝がヒタヒタに浸かる器に入れ替える。冷蔵庫に入れ、途中何度か混ぜながら一晩味をなじませる。

part 4　無限にできるおつまみとおかず　RECIPE_16

牛すじポン酢

肉片たっぷりの牛すじを使うのがばぁば流。時間はかかるけど、必ずやわらかくなるので気長に。

材料［作りやすい分量］

- 牛すじ ― 450g
- にんにく ― 2片
- しょうが ― 1片
- 柚子皮 ― 適量
- ポン酢醤油 ― 150㎖
- 練りがらし ― 小さじ1
- せり ― 適量

作り方

1. 牛すじは、すじが少なめの肉片がたっぷりついたものを選ぶ。一口大に切っておく。
2. 大鍋にたっぷりの湯を沸かし、つぶしたにんにくとしょうが、1を入れて強火でゆでる。煮立ったら弱火にし、途中アクを捨て、湯を足しながら約60〜90分ゆでる。
3. すじの部分に竹ぐしがすっと通るまでゆでたら、湯切りしてボウルに入れる。
4. 3がまだ熱いうちに、柚子皮のみじん切りとポン酢醤油を入れ混ぜる。途中、何度か混ぜながら数時間漬け込む。
5. 牛すじがしっかり冷めたら練りがらしを混ぜる。
6. 5を皿に盛りつけ、みじん切りにした柚子皮とざく切りしたせりをのせる。

part_4 無限にできるおつまみとおかず **RECIPE_17**

むかごベーコン炒め

アジアンな味つけでお酒が進む!「とりあえずこれで呑んで待ってて」と食卓に出すばぁばのお通し。

材料 [2 人分]

むかご ― 250g
スライスベーコン ― 2〜3枚
にんにく ― 1片
しょうが ― 少々
鷹の爪(輪切り) ― 少々
A｜ナンプラー ― 小さじ1
　｜オイスターソース ― 小さじ1
粗びき黒こしょう ― 少々
パクチー ― 適量

作り方

1. むかごは皮つきのままかためにゆでておく。
2. フライパンにサラダ油少々(分量外)を熱し、みじん切りにしたにんにくとしょうが、鷹の爪を炒め香りが出たら、細かく切ったベーコンを加えて炒める。ベーコンがカリカリになる直前に**1**を入れて再び炒める。
3. **2**に**A**を入れてなじむまで炒める。**A**はベーコンの塩味により分量を調整して入れるとよい。
4. **3**に粗びき黒こしょうをふり、パクチーを付け合わせる。

part 4　無限にできるおつまみとおかず　RECIPE_18

むかごと鶏肉のオーブン焼き

今までじゃがいもで作っていたレシピをむかごに替えたら新鮮なお味。秋はむかご料理に夢中です。

材料 [15cmスキレット1台分]

鶏もも肉 — 1枚
むかご — 150g
にんにく — 1片
塩 — 少々
粗びき黒こしょう — 少々
プチトマト — 4個
ローズマリー(フレッシュ) — 少々
セロリの葉やパクチー(お好みで) — 適量

作り方

1. むかごは皮つきのままかためにゆでておく。
2. フライパンにサラダ油少々(分量外)を熱し、にんにくのスライスを弱火で炒めて香りを出す。
3. 2に食べやすい大きさに切った鶏肉を入れて中火で炒める。火が通ったら1のむかごを加えて炒め、塩、こしょうをふる。
4. 3にプチトマトとローズマリーをのせ、予熱200℃のオーブンで鶏肉に少し焦げ目がつくまで焼く。
5. お好みでセロリの葉やパクチーなどを散らす。

part 4　無限にできるおつまみとおかず　**RECIPE_19**

トマトのベーコン巻き

トマトは煮ても焼いてもおいしい！ 焼き鳥屋で食べて以来、惚れ込んだ串焼きを我が家の定番メニューに。

材料 [串 4 本分]

プチトマト — 12個
スライスベーコン — 短め12枚
塩、こしょう — 各少々
万能ねぎ — 少々

作り方

1. プチトマトにベーコンを巻き付け、竹串に刺していく。
2. フライパンにサラダ油少々(分量外)を熱し、**1**を弱火で炒める。少し焦げ目がつくらい炒めたら、塩、こしょうをふる。塩は、ベーコンの塩味により調整する。
3. 小口切りにした万能ねぎを散らす。

part_4　無限にできるおつまみとおかず　RECIPE_20

納豆オムレツ

ざっと炒めて濃いめのだし醤油をかけるだけ！玉子はトロトロの半熟状態にキープするのがポイント。

材料 [2人分]
納豆 ― 小パック2個
プチトマト ― 4個
玉子 ― 3個
万能ねぎ ― 適量
だし醤油 ― 適量

作り方
1. 納豆は白くなるまでかき混ぜ、粘り気を強くしておく。
2. プチトマトは半分に切り、フライパンでサラダ油少々(分量外)を熱して軽く炒め、フライパンの端に寄せておく。
3. **2**のフライパンのあいているところに溶いた玉子を流し込み、すばやくかき回す。火が通り始めたら、納豆を広げてのせ、半熟玉子に混ぜながらなじませる。手早く調理し、半熟のままで仕上げる。
4. **2**のトマトを**3**の上に埋もれないようにのせる。
5. 皿に盛り、小口切りにした万能ねぎを散らし、だし醤油をかけていただく。

part 4　無限にできるおつまみとおかず　RECIPE_21

ゴーヤー春雨

夏にモリモリごはんが進む濃厚おかず。ごはんにかけて丼風にしてもおいしい。トッピングは半熟ゆで玉子で。

材料 [2人分]

ゴーヤー ― 150g(種を除いた分量)
春雨(乾燥) ― 30g
にんにく ― 1片
しょうが ― 1片
鷹の爪(輪切り) ― 少々
豆鼓(お好みで) ― 3粒
長ねぎ ― 30g
合いびき肉 ― 150g
水 ― 100㎖

A｜砂糖 ― 小さじ1
　｜みりん ― 小さじ2
　｜醤油 ― 小さじ2
　｜オイスターソース ― 小さじ1
　｜鶏ガラスープの素(顆粒) ― 小さじ½
　｜豆板醤 ― 小さじ1

B｜片栗粉 ― 小さじ2
　｜水 ― 大さじ1

ごま油 ― 小さじ2
半熟ゆで玉子 ― 1個

作り方

1. ゴーヤーは5㎜厚さにスライスする。春雨はゆでてかために戻し、食べやすい長さに切る。にんにく、しょうが、豆鼓、長ねぎはみじん切りにしておく。

2. フライパンにサラダ油少々(分量外)を熱し、にんにくとしょうが、鷹の爪を炒め香りが出たら、ゴーヤーを炒める。ゴーヤーがやわらかくなったら合いびき肉と長ねぎを加えて炒める。

3. 2に豆鼓と水を入れひと煮立ちさせたら、春雨を入れる。

4. 3にAを入れて再び煮立たせ、Bを混ぜた水溶き片栗粉を少しずつ入れて様子を見ながらとろみをつける。

5. 4にごま油をふりかける。お好みでごはんにのせ、半熟ゆで玉子を添える。

part_4 無限にできるおつまみとおかず **RECIPE_22**

ナムル

ばぁばの野菜を食べようメニュー。家にあるものでさくっと作れるナムルは最強です。お好みでご飯にのせて。

材料 [2 人分]

にんじん ― 120g
ほうれん草 ― 1/2束
もやし ― 1/2袋
A │ ごま油 ― 大さじ2
  │ 塩 ― 小さじ1 1/2
  │ 砂糖 ― 小さじ1 1/2
  │ 鶏ガラスープの素 ― 少々
  │ いりごま ― 大さじ3
半熟ゆで玉子 ― 1個

作り方

1. フライパンにごま油少々(分量外)を熱し、細切りにしたにんじんをしんなりするまで弱火で炒める。

2. ほうれん草ともやしをゆでる。やわらかくなりすぎないよう注意する。

3. **2**のほうれん草をかたくしぼり、もやしはほどよくしぼる。

4. **A**を混ぜ合わせる。にんじん、ほうれん草、もやしの3種それぞれに**A**を1/3ずつ混ぜ合わせる。

5. 付け合わせにゆで玉子を半分にしてのせる。お好みでご飯の上にのせていただく。

ヤリイカのアヒージョ

小さなフライパンにミニサイズのイカが可愛らしい。にんにくの香味に誘われてワインが進む!

材料 [15cmのスキレット1台分]

- ホワイトマッシュルーム ─ 小5個
- ヤリイカorホタルイカ(ボイル済みの市販) ─ 2杯
- にんにく(みじん切り) ─ 1片分
- 鷹の爪(輪切り) ─ 少々
- 塩 ─ 少々
- オリーブオイル ─ 50㎖
- パセリみじん切り ─ 適量

作り方

1. スキレットにオリーブオイルを入れてにんにくと鷹の爪を弱火で煮る。

2. 1の香りが出てきたら半分に切ったマッシュルームをオイルに沈める。

3. 2の上にイカをのせ、弱火でじっくり火を通す。

4. 3にパセリのみじん切りを散らし、そのまま食卓へ。

part 4　無限にできるおつまみとおかず　RECIPE_24

初夏野菜と鶏肉のグリル

初夏の野菜がおいしいシリーズ。春から夏へ移りゆくときが一番おいしい野菜をスパイスで！

材料 [26cmパエリア鍋1台分]

- 鶏の手羽元 — 10本
- 玉ねぎ — 1個
- ズッキーニ — 1本
- アスパラ — 5本
- セロリ — 5cm
- オリーブオイル — 適量
- にんにく — 2片
- クミンシード — 少々
- 塩、こしょう — 各少々
- お好みのスパイス — 少々
- タイム（フレッシュ）— 適量
- ピンク粒こしょう — 少々
- レモン — 1個

作り方

1. 玉ねぎは8等分にくし切り、ズッキーニは輪切り、アスパラは半分に、セロリは斜め切りにする。
2. 鍋にオリーブオイル少々を熱し、みじん切りにしたにんにくとクミンシードを炒めて香りが出たら鶏肉を炒めて火を通す。
3. 2に1をバランスよく配置し、塩、こしょう、お好みのスパイスをふりかける。タイムを半分量のせる。
4. 3にオリーブオイル少々をふりかけ、予熱200℃のオーブンで約20分焦げ目がつくまで焼く。
5. 4が焼きあがったら、残りのタイムとピンク粒こしょうを散らす。レモンを8等分に切り、しぼっていただく。

part 4　無限にできるおつまみとおかず　**RECIPE_25**

巣ごもりゆで玉子

生玉子を落として作るほうれん草の巣ごもり玉子をアレンジ。ゆで玉子を使ってサラダ風の巣ごもりに。

材料 [2人分]

玉子 — 5個
塩 — ひとつまみ
A ベビーリーフ — 1/3パック
　　カイワレ大根 — 1/3パック
B 粗びき黒こしょう — 少々
　　ハーブ塩 — 少々
お好きなドレッシング — 適量

作り方

1. 室温の玉子にピンなどを刺して穴を開けるか、軽くスプーンで叩いてひびを入れる。この手順をすることで殻がきれいにむきやすくなる。

2. 鍋に湯を沸かし、沸騰寸前にひとつまみの塩を入れ、**1**をお玉などでゆっくり沈める。

3. 約6分ゆでたら、冷水で一気に冷やす。冷えたら殻をむいて半分に切る。

4. サラダボウルに**A**を敷き、真ん中にくぼみを作りその中に**3**を置く。

5. 玉子の黄身の真ん中に**B**をふりかける。

6. お好きなドレッシングをかけていただく。

part 4　無限にできるおつまみとおかず　RECIPE_26

なすの揚げ浸し

なすは揚げるというより多めの油でゆっくり炒めるイメージ。アジアン風の味つけでよく冷やしてつるっと！

材料 [2人分]

なす(Mサイズ) ─ 3本(320g)
サラダ油 ─ 適量

A
- ポン酢醤油 ─ 大さじ3
- ナンプラー ─ 大さじ1
- ごま油 ─ 大さじ1
- 砂糖 ─ 小さじ1
- 水 ─ 大さじ3

B
- にんにく(みじん切り) ─ 2片分
- しょうが(みじん切り) ─ 1片分
- 鷹の爪(輪切り) ─ 少々

パクチー ─ 少々

作り方

1. なすを半分に切り、油がしみやすいように斜めに数本切り込みを入れ、約10分水にさらしてあくを抜く。

2. なすを平たく一面に置けるサイズのバットを用意する。**A**をしっかり混ぜ合わせてバットに流し入れる。

3. フライパンにサラダ油少々を熱し、**B**を焦げる寸前までよく炒める。

4. **3**のフライパンの底に多めのサラダ油を入れてなすを揚げ焼きする。油がしっかりしみ込んだらなすを取り出し、**2**に平たく並べる。冷蔵庫に入れ、途中何度かなすをひっくり返しながら数時間冷やす。

5. **4**で使ったフライパンの余分な油をふき取り、残ったにんにく、しょうが、鷹の爪を少し焦げ目がつくまでカリカリに炒める。

6. **4**がしっかり冷えたら汁ごと皿に盛る。**5**とパクチーをのせる。

ワンタンの丘上げ

part_4 無限にできるおつまみとおかず　RECIPE_27

レシピを載せるなら一番にアップしたいと思っていた自信作。ふっくらジューシーで大人も子供も大喜び！

材料 [●人分]

- 豚ひき肉 ― 150g
- 長ねぎ ― 100g
- しょうが(すりおろし) ― 小さじ1
- オイスターソース ― 小さじ1
- 鶏ガラスープ(顆粒) ― 小さじ1/2
- 砂糖 ― 小さじ1/2
- ごま油 ― 小さじ1
- ワンタンの皮 ― 48枚
- 生野菜(パクチー、レタスなど) ― 適量
- A｜ポン酢、ごま油、豆板醤、長ねぎ(小口切り) ― 各適量

作り方

1. ボウルに豚ひき肉を入れ、粘り気が出て白っぽくなるまで手でよくこねる。
2. 1に長ねぎのみじん切りとしょうがを入れて豚肉になじむまでよくこねる。
3. 2に残りの調味料をすべて入れて混ぜ合わせる。
4. ワンタンの皮に3を少量のせ、2つ折りにしたら隅をギャザーにしてまとめる。
5. たっぷりの熱湯で4をゆでる。重なり合わないように箸でワンタンを動かしながらゆでるとよい。
6. ワンタンの皮が透明になったら、くっつかないように気をつけてお皿に上げる。
7. 6の皿に生野菜をのせる。Aを混ぜ合わせてたれを作り、回しかけていただく。

part 4 無限にできるおつまみとおかず　RECIPE_28

甘エビのにんにく炒め

にんにくとオリーブオイルに漬かったエビのミソは絶品。バゲットにつけてワインとともにいただきましょう。

材料 [2人分]

甘エビ ― 有頭12尾
にんにく ― 2片
塩 ― ひとつまみ
粗びきこしょう ― 少々
白ワイン ― 50㎖
オリーブオイル ― 少々
パクチー、パセリの葉（みじん切り） ― 適量

作り方

1. フライパンにオリーブオイルを熱し、粗みじん切りにしたにんにくを弱火で炒めて香りを出す。

2. 1に甘エビを入れ炒めて塩、こしょうをふる。頭が取れてミソが流れ出さないように、片面ずつていねいに焼く。鍋をゆすってにんにくが焦げないように注意する。

3. 殻の色が白っぽく変わってきたらワインを流し込み、ふたをして酒蒸しにする。

4. 3に彩りよくパクチー、パセリを散らす。

part 4　無限にできるおつまみとおかず　**RECIPE_29**

貝と春菊のお好み焼き

ばぁばのお好み焼きはごろっと大きな海鮮をトッピング。おつまみにもおかずにもなるミニサイズで。

材料 [一口サイズ4個分]

- 牡蠣 — 大2個
- ホタテ — 大2個
- 万能ねぎ — 少々
- 春菊 — 少々
- **A**
  - 薄力粉 — 60g
  - 水 — 60ml
  - かつおだしの素(顆粒) — 小さじ½
  - 山いも — 20g
  - 卵 — 1個
- キャベツ — 120g
- お好み焼きソース — 適量
- かつお節、マヨネーズ、青のり、紅しょうがなど — 適量

作り方

1. キャベツはせん切り、万能ねぎは小口切り、春菊は3cmの長さに切る。**A**の山いもはすりおろしておく。
2. ボウルに**A**をすべて入れ混ぜ合わせて生地を作り、キャベツを混ぜる。¼は後で使うので残しておく。
3. フライパンにサラダ油少々(分量外)を熱し、4等分に丸くして生地を焼く。上にねぎ、春菊をのせる。
4. **3**の上に牡蠣、ホタテを1個ずつのせる。
5. **2**で残しておいた生地を4個それぞれの上にかけて焼く。
6. 数回ひっくり返して具にしっかり火を通す。
7. 焼き上がったらソースをかけ、かつお節やマヨネーズ、青のり、紅しょうがなどをお好みでかけていただく。

part_4 無限にできるおつまみとおかず RECIPE_30

チリビーンズ

ちょっぴりタコス寄りで作ったばぁば自慢のチリコンカン。ごはんにかけたりパンに挟んだりアレンジ自在！

材料 [作りやすい分量]

ひよこ豆水煮缶 — 240g(1缶分)
合いびき肉 — 120g
にんにく — 1片
玉ねぎ — 120g
鷹の爪(輪切り) — 少々
ピーマン — 50g
コンソメスープの素(顆粒) — 小さじ1
オリーブオイル — 適量
塩、こしょう — 各少々

A | 白ワイン — 大さじ2
　　　トマト缶 — ½缶(200g)
　　　水 — 80㎖

B | ローリエ — 1枚
　　　チリパウダー、ガラムマサラ、クミンシード — 各少々

C | 紫玉ねぎ、レタス、水菜 — 適量

タコスチップス(市販) — ½袋
マヨネーズ — 大さじ2
レモン汁 — 小さじ2

作り方

1. フライパンにオリーブオイルを熱し、みじん切りにしたにんにく、玉ねぎ、鷹の爪を炒め、玉ねぎが透明になったらひき肉と粗みじん切りにしたピーマンを加えてさらに炒める。

2. 1にひよこ豆とコンソメ、**A**を入れてひと煮立ちさせる。

3. 2に**B**を入れて中火で少し煮詰め、濃度をつける。

4. 3に塩、こしょうをして味をととのえる。

5. 大皿にタコスチップスを広げ、中央に**4**をのせ、**C**を食べやすく切って散らす。

6. マヨネーズとレモン汁をなめらかになるまで混ぜ、**5**の上にスプーンを使ってきれいにたらす。

column 3

ばぁばのわさびしごと

　私の出身地、鳥取県倉吉市は「わさびの里」と呼ばれている土地柄です。当時、実家が和菓子屋を営んでいて、わさびを使った和菓子はオリジナルの銘菓でした。

　実家の和菓子屋は跡継ぎがおらず、もう畳んでしまったのですが、そんな思い出もあり、わさびは特別な思い入れがある大好きな食材です。

　毎年夏が近づく季節になると、地元の「関金わさび」を取り寄せて、わさび漬けやらわさびの葉のおひたしやら、いろいろ作るのが恒例。わさび漬けって、お土産で買うもんだと思ってたでしょ。こんなもんまで作るんか！　って、言われますけど……作るんです、わさび漬け。

　子どもの頃、母が毎年ドヤ顔で作って近所に配っていたけど、なんてことはない、ちょー簡単なんじゃん、と作るようになって思いました。

　わさび漬けは太巻き寿司の芯にちょっと塗るとおいしい。おひたしは、作った翌日から数日間がおいしい食べ頃です。

西河商店（関金わさび）　http://www.nishikawashouten.com/

わさび漬け

材料［作りやすい分量］

わさびの葉（茎、花を含む）— 約150g
酒粕 — 150g
日本酒 — 大さじ2（様子を見ながら調整）
A｜塩 — 小さじ½
　｜砂糖 — 小さじ1

作り方

1. わさびの葉、茎、花を約5cmの長さに切り、ひとつまみの塩（分量外）を入れた熱湯にさっとくぐらせ冷水にさらし、水分をしっかりしぼる。容器に入れ、容器の側面と手で挟み込んだり押し当てたりしてさらに水分をしぼる。
2. 常温に戻した酒粕を日本酒で少しずつのばす。日本酒は量を調整し、様子を見ながら酒粕をやわらかく、扱いやすくする。**A**を入れて味をなじませる。
3. **2**を食べやすいよう、さらに細かく切り、**3**と練り合わせる。
4. 辛味が飛ばないように密閉の容器に入れて冷蔵保存する。

わさびの葉のおひたし

材料［作りやすい分量］

わさびの葉（茎、花を含む）— 約150g
かつお節 — 適量
A｜水 — 200ml
　｜醤油、みりん — 各50ml

作り方

1. わさびの葉を約3cmの長さに切り、ふたつまみの塩（分量外）を混ぜてざるに広げる。
2. **1**が塩でしんなりしたら、ざるの上からゆっくり熱湯をかけ、冷水にさらした後、しっかり水分をしぼる。
3. 小鍋に**A**を入れ沸騰させたら、かつお節をふんわりと入れ1分煮て火をとめる。その後2分置き、かつお節をペーパーとざるなどでこす。
4. **3**が温かいうちに保存容器にそそぎ、**2**を浸す。**2**がつゆでヒタヒタになる水位にしておく。ふたをせず自然に冷まし、冷めたらふたをして冷蔵保存する。

kyokoba_ba
part 5

〆に食べたい麺もの

NOODLES

季節に関係なく、麺類が多い我が家の食卓。中華麺、ソーメン、うどん、日本そば、沖縄そば、フォー、パスタ、なんでも作ります。だけど、普通はつまらない！　とひとアレンジ加えるのがばぁば流。サラダ仕立てにした冷やし中華や、麺つゆに豆乳とナンプラーを混ぜてアジアン風に変身させた冷やしうどんなど、ちょっとの工夫がごちそうの秘訣です。

味つけには市販の麺つゆをはじめ、中華風だしやら市販のたれやソースも使っているので、完全手作り派の人には向かないかも。でもインスタントな食材だって、うまく使ってアレンジすることで自分のオリジナル料理にしていくのが主婦の腕の見せどころ。

お酒とおつまみを楽しんだあとの〆としてはもちろん、さくっと休日のお昼ごはんにも活躍するレシピです。

part 5 〆に食べたい麺もの RECIPE_01

セロリ焼きそば

セロリが大好きなばぁばの特製焼きそば。冬は具を汁そばにのせてアツアツで食べるのもおすすめ。

材料[1人分]

焼きそば(生麺) — 1袋
合いびき肉 — 100g
セロリ — 80g
日本酒 — 小さじ1〜2
ごま油 — 適量

A
- にんにく(みじん切り) — 1片分
- しょうが(みじん切り) — 1片分
- 鷹の爪(輪切り) — 少々

B
- 醤油 — 小さじ1
- みりん — 小さじ1
- 鶏ガラスープの素(顆粒) — 小さじ1/3
- ナンプラー — 小さじ1/2
- オイスターソース — 小さじ1/2

C
- 片栗粉 — 小さじ2
- 水 — 大さじ2

作り方

1. フライパンに薄くごま油をひき、焼きそばの生麺をほぐしながら炒める。日本酒を回しかけて麺をふっくらさせる。麺がほぐれて温まったら、皿に出して広げておく。

2. フライパンにごま油少々を熱し、**A**を炒めて香りを出したら、合いびき肉と細かく切ったセロリを加えて炒める。

3. 2に**B**を入れて炒める。**C**を混ぜて作った水溶き片栗粉を少しずつ、濃度の様子を見ながら回し入れ、とろみをつける。

4. 1の上に**3**をのせ、お好みでごま油少々をたらす。

part 5　〆に食べたい麺もの　RECIPE_02

華やか冷やし中華

ばぁばの冷やし中華は野菜満載でヘルシーに！たれにごまドレを加えるのがオリジナルの提案です。

材料 [1人分]

- 冷やし中華麺(市販のスープ付き生麺) — 1袋
- にんにく(みじん切り) — 少々
- しょうが(すりおろし) — 少々
- 鷹の爪(輪切り) — 少々
- 合いびき肉 — 100g
- ごま油 — 少々
- 醤油 — 小さじ1
- みりん — 小さじ1
- バルサミコ酢 — 小さじ½
- 枝豆、トマト、紫玉ねぎ、みょうが、パクチー — 適量
- ゆで玉子 — 1個

作り方

1. フライパンにごま油を熱し、にんにく、しょうが、鷹の爪を炒めて香りを出す。合いびき肉を加えて炒め、醤油、みりん、バルサミコ酢で味付けをして冷ましておく。

2. 枝豆は塩ゆでして実を皮からはずしておく。トマトは一口大に切り、紫玉ねぎは薄切り、みょうがは細切り、パクチーはざく切りにしておく。

3. 生麺をゆでて皿に盛り、**2**の野菜をのせ、中央に**1**をのせる。

4. ゆで玉子を指でつぶして**3**の上に散らす。

5. **4**にスープを回しかけていただく。たれにごまドレッシングを少し混ぜてもおいしい。

part 5　〆に食べたい麺もの　RECIPE_03

あさりラーメン

ばぁばのスープは1滴も残してはいけません！残したらばぁばに激怒されて2度と作ってもらえないから。

材料 [1人分]

ラーメン(生麺) — 1玉
あさり — 15粒程度
鶏ガラスープの素(顆粒) — 小さじ1
ペースト状濃縮中華だし(缶詰) — 小さじ1
醤油 — 小さじ1
みりん — 小さじ1
ナンプラー — 小さじ½
水 — 450㎖
長ねぎ(小口切り) — 少々
パクチー — 適量
粗びき黒こしょう — 少々

作り方

1. 分量の水を沸騰させ、砂出し済みのあさりを入れ、再び沸騰させる。貝が開いたら約1分煮てあさりを取り出す。

2. **1**の鍋に鶏ガラスープの素、濃縮中華だし、醤油、みりん、ナンプラーを入れスープにしたら、**1**を戻す。あさりから出る塩味や市販のスープの素によって塩加減はそれぞれなので、ここで味見をして味をととのえておく。

3. たっぷりの熱湯で生麺をゆでる。湯切りした麺を丼に入れ**2**をそそぐ。

4. **3**の上に長ねぎ、ざく切りにしたパクチーをのせ、お好みでこしょうをふる。

◎ペースト状濃縮中華だしは、「ウェイパー」を使っています。鶏ガラスープの素とウェイパーのダブル使いが味の決め手になります。しじみラーメンも同様です。

part 5　〆に食べたい麺もの　**RECIPE_04**

しじみラーメン

10年前から我が家の定番。肝臓にやさしい呑む人用の〆。冬のおいしい寒しじみを堪能しましょう。

材料 [1人分]

ラーメン(生麺) — 1玉
しじみ — 約150g
水 — 450mℓ
A ┃ 鶏ガラスープの素(顆粒) — 小さじ1
　　┃ ペースト状濃縮中華だし(缶詰) — 小さじ1
　　┃ 醤油 — 小さじ1
　　┃ みりん — 小さじ1
長ねぎ(小口切り) — 少々
粗びき黒こしょう — 少々

作り方

1. 分量の水を沸騰させ、砂出し済みのしじみを入れ、再び沸騰させる。貝が開いたら弱火にし、そのまま約2分煮て旨味を出す。

2. **1**に**A**を入れる。

3. たっぷりの熱湯で生麺をゆでる。湯切りした麺を丼に入れ**2**をそそぐ。

4. **3**のしじみを丼の上にのせ、長ねぎを添えて、お好みでこしょうをふる。

part 5 〆に食べたい麺もの **RECIPE_05**

カボスそば

夏の冷やしそばはカボスの酸味とさわやかな口どけをオン。そうめんやうどんでもおいしくできます。

材料［1人分］

そば(乾麺) — 90g
カボス — 1個
麺つゆ(ストレートタイプ) — 200mℓ
長ねぎ(小口切り) — 適量
七味 — 適量

作り方

1. そばをたっぷりの熱湯で表示通りにゆで、冷水でよく洗い流し水をきる。
2. カボスを薄い輪切りにする。
3. 1を少し深みのある大皿に広げ2をのせて、麺つゆをかける。
5. お好みで長ねぎや七味など薬味をかけていただく。

part 5　〆に食べたい麺もの　**RECIPE_06**

肉豆腐うどん

季節を問わず麺類が多い我が家。中でも一番人気がこれ！柚子皮は毎年たっぷり冷凍してあるから出番が多い。

材料 [1人分]

ゆでうどん ― 1玉
豚切り落とし肉 ― 80g
水 ― 350㎖
A ｜ かつおだしの素(顆粒) ― 小さじ1
　　｜ 醤油 ― 小さじ1
　　｜ みりん ― 小さじ1
　　｜ 塩 ― ひとつまみ
豆腐 ― ¼丁
玉子 ― 1個
万能ねぎ ― 適量
柚子皮(細切り) ― 少々
七味 ― 少々

作り方

1. 鍋に水と一口大に切った豚肉、**A**を入れスープを作る。

2. 沸騰直前の**1**に一口大に切った豆腐、ゆでたうどんを入れ、玉子を割り落として、ひと煮立ちさせる。

3. **2**の玉子の表面が白くなるまで煮込む。

4. 万能ねぎ、柚子皮、七味などお好みの薬味をかけていただく。

part 5　〆に食べたい麺もの　**RECIPE_07**

フォーで焼きそば

パスタより時短できるうれしいメニュー。かつおだしとオイスターソースのコクが決め手。パクチーどっさりで！

材料［2人分］

- フォー(乾麺) ― 100g
- 合いびき肉 ― 70g
- にんにく(みじん切り) ― 1片分
- しょうが(みじん切り) ― 1片分
- 鷹の爪(輪切り) ― 少々
- 紫玉ねぎ ― 60g
- ピーマン ― 1個
- もやし ― 80g
- A
  - 醤油 ― 小さじ2
  - オイスターソース ― 小さじ1
  - ナンプラー ― 小さじ1
  - スイートチリ ― 小さじ1
  - かつおだしの素(顆粒) ― 小さじ1/3
- パクチー ― 適量

作り方

1. フォーをかためにゆでて、冷水で冷やしてざるに上げる。

2. フライパンにサラダ油少々(分量外)を熱し、にんにく、しょうが、鷹の爪を炒めて香りが出たら、合いびき肉、スライスした紫玉ねぎ、細切りしたピーマンを炒める。

3. 2に1を入れて軽く炒め、もやしも加えたら、Aを入れて味つけする。フォーがからまるようなら、少量のごま油(分量外)をふりかけほぐしながら炒める。

4. 炒め上がったら、彩りよくパクチーをのせる。

part 5　〆に食べたい麺もの　**RECIPE_08**

フォーのパッタイ

アジアン屋台風が大好きなばぁばが作るフォー料理。たっぷり具材で豪華に。醤油とみりんが隠し味。

材料 [2人分]

フォー(乾麺) — 100g
エビ — 8尾
にんにく(みじん切り) — 1片分
しょうが(みじん切り) — 1片分
豚肉 — 40g
もやし — 60g
ししとう — 4本
長ねぎ — 40g
A｜醤油 — 小さじ1
　｜ナンプラー — 小さじ1
　｜オイスターソース — 小さじ1
　｜鶏ガラスープの素(顆粒) — 小さじ1/3
　｜みりん — 小さじ1
パクチー — 適量

作り方

1. フォーをかためにゆで、冷水で冷やしてざるに上げる。

2. エビは殻をむき背わたを取り、熱湯でさっと火を通しておく。

3. フライパンにサラダ油少々(分量外)を熱し、にんにくとしょうがを炒めて香りを出す。豚肉を加えて炒め、さらにししとうと斜め薄切りにした長ねぎも炒める。

4. 3に1のフォーとAを入れて味つけし、2のエビともやしを加えてさっと炒める。フォーがからまるようなら、少量のごま油(分量外)をふりかけてほぐしながら炒める。

5. 炒め上がったら、彩りよくパクチーをのせる。

part 5 〆に食べたい麺もの **RECIPE_09**

冷やしうどん豆乳だれ

夏においしい冷やしうどん。麺つゆに飽きてきたら濃厚な豆乳とナンプラーをプラスしてアジアン風に。

材料 [1人分]

稲庭うどん(乾麺) ― 1玉
麺つゆ(2倍濃縮タイプ) ― 50㎖
無調整豆乳 ― 50㎖
ナンプラー、ごま油、ラー油 ― 各少々
みょうが、大葉、長ねぎ、オクラ、トマト、パクチー、いりごま、氷 ― 各適量

作り方

1. ボウルに濃縮タイプの麺つゆと無調整豆乳を混ぜ、ナンプラー、ごま油、ラー油をたらす。うどんにかけやすい小さな容器に移しておく。
2. うどんを表示の通りにゆで、冷水で洗い流し、水切りしたら大皿に盛る。
3. 大葉、みょうがはせん切り、長ねぎ、オクラ、トマトは輪切り、パクチーはざく切りにして**2**に彩りよく盛りつけ、いりごまをふりかける。
4. **3**のうどんのまわりに氷をのせる。氷が解けてうどんがほぐしやすくなる。**1**をかけていただく。

part 5　〆に食べたい麺もの　**RECIPE_10**

ホタルイカとトマトソースのパスタ

混ぜるだけでおいしい簡単パスタ。さっぱりしたさわやかなトマトソースがイカのミソで濃厚に。

材料［2人分］

パスタ ― 180g
ホタルイカ(ボイル) ― 約160g
にんにく ― 1片
トマトソース(市販) ― 200g
白ワイン ― 大さじ1
オリーブオイル ― 適量
塩、こしょう ― 各少々
パクチー ― 少々

作り方

1. フライパンにオリーブオイルを熱し、みじん切りにしたにんにくを弱火で炒めて香りを出す。

2. 1にホタルイカを入れて軽く炒め、トマトソースと白ワインを加える。

3. 2にゆでたパスタを入れて混ぜ合わせる。味見をして塩、こしょうで味をととのえる。

4. お好みでオリーブオイルをかけ、パクチーをのせていただく。

◎トマトソースを手作りする場合は、P110のレシピを参照してください。

part 5 〆に食べたい麺もの　**RECIPE_11**

ツナのショートパスタオーブン焼き

無限に広がるトマトソースのアレンジ。今日はどこのお家でも重宝するチーズオーブン焼きに。

材料 [22×18cmのホーローバット1台分]

- ショートパスタ — 130g
- ツナ — 1缶(70g)
- 玉ねぎ(みじん切り) — 100g
- にんにく(みじん切り) — 2片分
- 鷹の爪(輪切り) — 少々
- **A**
  - ホールトマト — 1/2缶(200g)
  - 白ワイン — 50mℓ
  - 水 — 50mℓ
  - コンソメキューブ — 1個
  - ローリエ — 1枚
  - みりん — 小さじ1
  - 塩、こしょう — 各ひとつまみ
- ピザ用チーズ — 100g
- オリーブオイル — 適量
- バジルの葉(フレッシュ) — 適量

作り方

1. フライパンにオリーブオイル少々を熱し、玉ねぎ、にんにく、鷹の爪を炒め、玉ねぎが透明になったら**A**を入れる。少し煮詰めて濃度をつける。
2. バットにゆでたパスタを広げ、その上に油をきってほぐしたツナをのせる。
3. **2**の上に**1**をのせ、その上にチーズをのせる。
4. **3**にオリーブオイル少々をふりかけ、予熱200℃のオーブンで10分焼く。
5. ちぎったバジルの葉を散らす。

part 5 〆に食べたい麺もの　RECIPE_12

しらすとバジルのパスタ

出先で食べておいしかったパスタをお家で再現。バジルが出回る季節の定番メニューです。

材料 [1人分]

パスタ ― 90g
しらす ― 20〜30g
にんにく ― 1片
鷹の爪(輪切り) ― 少々
オリーブオイル ― 適量
バジルの葉(フレッシュ) ― 適量
塩、こしょう ― 各少々
焼き海苔 ― 適量

作り方

1. フライパンにオリーブオイルを熱し、みじん切りにしたにんにくと鷹の爪を弱火で炒め香りを出す。

2. **1**にかためにゆでたパスタを入れて炒める。ゆで汁を少々戻し入れ、しらすを加えてなじませる。

3. **2**にバジルのみじん切りを入れてさっと混ぜ合わせる。

4. 味見をして必要なら塩、こしょうで味をととのえる。

5. 焼き海苔をちぎって散らし、お好みでバジルの葉を飾る。

kyokoba_ba
part 6

休日に作る　ちょっと手の込んだメニュー

HOLIDAY MENU

働くばぁばのおうちごはんは、いつも時間に追われて慌ただしく用意するのが日常。休日くらいはゆっくり手間暇をかけてお料理を楽しみたいものです。

休日の朝食におすすめなエッグベネディクトやダッチベイビー、ベトナム風サンドイッチやベーグルはピクニックのお供にも。ピザやタルトは生地から作ってみたり、肉まんやサモサなど、ふだん自分ではなかなか作らないおやつメニューにも挑戦。ドキドキしながら作って完成してみたら、とってもおいしかった！　なんていう嬉しいレシピをご披露します。

スイーツ作りは苦手だけど、甘さ控えめにしたり、バター不使用にしたり、ばぁばなりに試行錯誤。インスタにアップしたスイーツメニューもだんだんと増えてきました。手作りのよさを活かした素朴なおいしさを堪能してくださいね。

休日に作るちょっと手の込んだメニュー **RECIPE_01**

セロリの葉のピザ

セロリ好きなばぁばのピザ。クリーミーなカマンベールチーズを使ったとろ〜り濃厚な味をどうぞ。

材料［ピザ1枚分］

- クリスピーピザ生地 — 1枚
- ピザ用チーズ — 80g
- セロリの葉(やわらかめのもの) — 約40g
- プチトマト — 5個
- カマンベールチーズ — 40g
- オリーブオイル — 適量

作り方

1. ピザ生地にざく切りにしたセロリの葉をのせ、その上にピザ用チーズをのせる。

2. 1に小さく切ったプチトマトと、手で細かくちぎったカマンベールチーズをのせる。

3. 予熱200℃のオーブンで約10分焼く。

◎クリスピーピザ生地は、直径22cmのものを使っています。市販のものでもいいし、下の作り方を参照して生地を手作りしても。右ページのレシピも同様です。

発酵なしのクリスピーピザ生地

材料［作りやすい分量・直径22cm2枚分］

- **A**
  - 薄力粉 — 100g
  - 強力粉 — 80g
  - ベーキングパウダー — 5g
- **B**
  - 水 — 90ml
  - オリーブオイル — 大さじ1
  - 塩 — ひとつまみ
- 打ち粉 — 適量

作り方

1. Aをふるいにかけ、Bを混ぜ合わせてなめらかになるまで手でよくこねる。

2. 1にラップをして約30分常温で休ませる。

3. 打ち粉をした台に出し、めん棒で直径22cmの円にのばす。

休日に作るちょっと手の込んだメニュー **RECIPE_02**

ふきのとうピザ

毎年いただく天然のふきのとうで春の恒例メニュー。味噌と酒粕とチーズ、発酵食品のコラボは最強です。

材料 [ピザ1枚分]

クリスピーピザ生地 — 1枚
味噌 — 25g
酒粕 — 25g
酒 — 小さじ2
みりん — 小さじ1
ピザ用チーズ — 50g
スライスベーコン — 2枚
ふきのとう(Sサイズ) — 約15個
オリーブオイル — 適量

作り方

1. 味噌、酒粕、酒、みりんをなめらかになるまでよく混ぜて溶かす。

2. ピザ生地に**1**を塗る。

3. **2**にピザ用チーズ、食べやすいサイズに切ったベーコン、ふきのとうをのせ、オリーブオイルをふりかける。

4. 予熱200℃のオーブンで約10分焼く。ふきのとうは焼くと黒くなるので、様子を見ながら、焼き時間を最小限で調整する。

休日に作るちょっと手の込んだメニュー　RECIPE_03

カンパーニュにのせたエッグベネディクト

おいしいパンがあるときは豪華にたっぷりの具材で。ナイフとフォークを使ってとろとろ流れ出す玉子を堪能。

材料 [3個分]

カンパーニュ(スライス) ― 3枚
玉子 ― 3個
酢、塩(ポーチドエッグ用) ― 少々
A│マヨネーズ ― 大さじ3 ½
　│粒マスタード ― 小さじ2
レモンのしぼり汁 ― 適量
B│レタス、パクチー、ハム、トマト、
　│アボカド、オクラ ― 適量

作り方

1. ポーチドエッグを作る。玉子は1個ずつ割り落としておく。鍋に湯を沸騰させ、酢と塩を入れる。湯の中でさい箸をぐるぐると回して渦を作り、渦の中心に玉子をそっと落とし入れる。約2分30秒たったら、網じゃくしなどで取り出す。1個ずつ分けて作り、3個分作る。

2. Aを混ぜ合わせてソースを作る。レモン汁を加えて濃度を微調整する。

3. スライスしたカンパーニュにBを彩りよくのせていく。

4. 3の上に1をのせ、2をかける。

休日に作るちょっと手の込んだメニュー **RECIPE_04**

ダッチベイビー

外はサクサク、中はモチモチ、砂糖を使わない大人のおやつ。休日の昼下がりはワインとともに。

材料 ［15cmのスキレット1台分］

薄力粉 — 35g
玉子 — 1個
牛乳 — 50㎖
塩 — ひとつまみ
バニラエッセンス — 2〜3滴
無塩バター — 15g
水切りヨーグルト — 適量
ブルーベリー — 適量
ハーブコーディアル、
　メープルシロップなど — 適量

作り方

1. 予熱220℃のオーブンにスキレットを入れて熱しておく。玉子は室温に戻しておく。

2. ボウルに玉子を入れて泡たて器で溶きほぐし、40℃くらいに温めた牛乳を入れよく混ぜる。

3. 薄力粉に塩を加えてふるい、**2**に数回に分けて入れ、ダマがなくなるまで混ぜる。バニラエッセンスを加える。

4. **1**のスキレットを取り出して素早くバターを入れて溶かし、**3**を流し込む。スキレットをぐるりと回しながら側面にも生地を付着させる。

5. 220℃のオーブンで10分ほど様子を見ながら焼く。

6. 焼けたら、水切りヨーグルト、ブルーベリーをのせ、お好みでハーブコーディアルまたはメープルシロップなどの甘味をかけていただく。

休日に作るちょっと手の込んだメニュー **RECIPE_05**

バインミーサンド

アジアン屋台風、ベトナム生まれのサンドイッチは炒めたお肉と野菜でバランスのとれたごちそうです。

材料 [バタール1本分]

バタール ― 1本
豚薄切り肉 ― 250g
にんじん ― 80g
玉ねぎ ― 30g
にんにく ― 少々
しょうが ― 少々
A｜醤油 ― 小さじ2
　｜みりん ― 小さじ2
　｜ナンプラー ― 小さじ1
　｜オイスターソース ― 小さじ1/2
　｜鶏ガラスープの素(顆粒) ― ひとつまみ
　｜こしょう ― 少々
ごま油 ― 小さじ2
目玉焼き ― 3個
バター、マスタード、レタス、
　パクチー ― 適量

作り方

1. 豚肉は食べやすい大きさに切る。にんじんは細切り、玉ねぎは繊維に沿って薄切り、にんにくとしょうがはみじん切り、レタスとパクチーはざく切りにする。

2. フライパンにサラダ油少々(分量外)を熱し、にんにくとしょうがを炒めて香りが出たら、豚肉、にんじん、玉ねぎを加えて炒める。

3. 2にAを入れて味つけし、ごま油をふりかける。

4. バタールはたてに切り込みを入れて開き、バターとマスタードを塗る。

5. 4に具を入れる。下からレタス、**2**、パクチー、目玉焼きの順に挟む。

休日に作るちょっと手の込んだメニュー **RECIPE_06**

サモサ

お肉は使わず野菜だけのサモサ。さくさくホロホロで揚げたてだけでなく翌日もおいしい！

材料［12個分］

{皮}
薄力粉 — 150g
油 — 30g
水 — 50g
塩 — ひとつまみ
水 — 50mℓ

{具}
じゃがいも — 2個
玉ねぎ — 1/2個
しょうが — 1片
クルミ — 50g
クミンシード — 小さじ1
カレー粉 — 小さじ2
塩 — 小さじ1 1/2
揚げ油 — 適量

作り方

1. 皮の材料すべてをボウルに入れ、水分と粉がなじみツルツルになるまでよくこねる。
2. **1**にぬれふきんをかぶせて約30分休ませる。
3. じゃがいもはかためにゆでて皮をむき、サイコロ状に切る。玉ねぎはくし切り、しょうがはすりおろし、クルミは粗みじん切りにする。
4. フライパンにサラダ油少々(分量外)を熱し、クミンシードを炒めてじんわり香りを出す。**3**を加えて軽く炒めカレー粉と塩で味つけし、12等分しておく。
5. **2**の皮を6等分にし、めん棒で薄くのばし楕円形にする。半分に切り、**4**をのせたら、直線側の中央が三角形の角になるよう両端を折り具を包む。
6. ふたをするように**5**の下部を折り上げる。ふたの部分はフォークの先でしっかり跡をつけながら閉じる。同様にして12個作る。
7. 170℃に熱した油できつね色に揚げる。

休日に作るちょっと手の込んだメニュー　**RECIPE_07**

肉まん

休日は孫たちも参加して楽しい肉まん作り。せいろを開けた瞬間の家族の顔がみんな笑顔！

材料 [8個分]

{生地}

強力粉 — 180g

薄力粉 — 70g

ドライイースト — 小さじ1

ベーキングパウダー — 小さじ1

塩 — 2つまみ

砂糖 — 25g

ごま油 — 小さじ1

ぬるま湯 — 120mℓ

{餡}

豚ひき肉 — 150g

干ししいたけ — 2枚

長ねぎ — 50g

キャベツ — 70g

青梗菜 — 30g

A｜塩 — 小さじ½
　｜砂糖 — 小さじ1
　｜こしょう — 少々
　｜醤油 — 小さじ1
　｜オイスターソース — 小さじ1 ½
　｜片栗粉 — 大さじ1
　｜ごま油 — 小1
　｜しょうが(みじん切り) — 大さじ1

作り方

1. 生地を作る。材料をすべてボウルに入れ混ぜる。まとまったらボウルから取り出し、生地がなめらかになるまで20分ほど手でこねる。

2. オーブンを40℃の発酵温度に設定し、1時間くらい発酵させる。ふくらんで大きさが約2倍になったら取り出し、手でやさしく押さえてガス抜きをする。8等分に分け、丸くまとめる。

3. 餡を作る。水で戻した干ししいたけと、長ねぎをみじん切りにする。キャベツと青梗菜はさっとゆでてよくしぼり、みじん切りにする。

4. 3と豚ひき肉をボウルの中で粘りが出るまでよくこねる。

5. 4に**A**をすべて入れて、さらにこね合わせたら8等分にする。

6. 先に作っておいた生地で**5**を包む。

7. せいろにオーブンシートを敷き、**6**を隙間を作って配置する。せいろにフタをしたら、湯を入れた鍋に設置して、せいろの中を人肌の温度(35℃くらい)に保つよう調整しながら30分間、二次発酵させる。

8. 少しふくらんできら、そのまま火にかけ、沸騰して蒸気が上がってきたら中火にして15分蒸す。

休日に作るちょっと手の込んだメニュー　RECIPE_08

いちじくベーグル

ベーグルは仕上がりが安定しているので、パン作り初心者におすすめ。いちじくの甘味をきかせて。

材料［6個分］

強力粉 — 300g
ドライイースト — 小さじ1
きび砂糖 — 大さじ2
塩 — 小さじ1
無調整豆乳 — 90㎖
ぬるま湯 — 100㎖
ドライいちじく — 50g
｛ケトリング｝
熱湯 — 1.5ℓ
はちみつ — 大さじ1 ½

作り方

1. ボウルに強力粉を入れ、ドライイーストと砂糖を中央に置く。塩はドライイーストから離して置く。すべてをゴムベラなどでさっくり混ぜ合わせる。

2. 1に人肌の温度(35℃くらい)に温めた豆乳とぬるま湯を入れ、ゴムベラなどで粉となじませひとまとめにする。ダマがなくなるまでこねたら、ぬれふきんをかけて約10分休ませる。

3. 2をボウルから出し、台に押しつけながら約5分こね、生地の表面をなめらかにして6等分に丸める。ぬれふきんをかけて30分休ませる。

4. 3をめん棒でベーグルの1周分になるくらいの長さの楕円形にのばし、その上にスライスしたドライいちじくの6分の1を広げ、棒状になるよう、ドライいちじくを巻き込むように三つ折りにする。棒状になったら、生地をねじってリング状に成形する。

5. 室温約20℃で約1時間、1.5倍の大きさになるまでぬれふきんをかけて発酵させる。

6. 大きな鍋にケトリングの材料を入れて沸騰させる。**5**の生地を入れて中火にしたら両面を各1分ゆでる。ゆで上がったら水けをきっておく。

7. オーブンシートを敷いた鉄板に**6**を並べ、予熱200℃のオーブンで約15分焼く。

◎できたベーグルはそのまま食べてもおいしいですが、ベーグルサンドにすることも。
◎左ページ下の写真、手前は、ベーグルにクリームチーズ、生ハム、パクチーなど重ねたもの。
◎奥は、ヨーグルトを水切りして半分以下の水分濃度のクリーム状にして使ったもの。ベーグルに水切りヨーグルト、ブルーベリー、ほかの果物などを重ねています。

休日に作るちょっと手の込んだメニュー **RECIPE_09**

いちじくタルト

試行錯誤しながら簡単に作れるタルトレシピが完成。玉子もミルクも使っていないから体にやさしい。

材料 [21cmタルト型]

{ カスタードクリーム }
薄力粉 ― 20g
太白ごま油 ― 20g
きび砂糖 ― 50g
豆乳 ― 200mℓ
バニラエッセンス ― 1～2滴

{ タルト生地 }
薄力粉 ― 200g
A｜メープルシロップ ― 45mℓ
　｜太白ごま油 ― 55mℓ
　｜水 ― 15mℓ
　｜塩 ― ひとつまみ

{ トッピング }
いちじく ― 2個
ぶどう ― 適量

作り方

1. カスタードクリームを作る。鍋に薄力粉と油を入れてなめらかになるまで木べらなどで混ぜる。

2. 1に豆乳ときび砂糖を加えよく混ぜる。中火にかけて絶えずかき混ぜる。沸騰してきたら弱火にして様子を見ながらさらに数分煮る。

3. 2にバニラエッセンスをたらして混ぜ合わせる。

4. タルト生地を作る。ふるった薄力粉に**A**を入れて混ぜ合わせ、こねてまとめる。

5. 4をめん棒でのばしてタルト型に敷きつめる。底全面にフォークの先を突き刺して穴を通す。予熱180℃のオーブンで10分焼く。

6. 5のタルトに3のカスタードクリームを平らに流し込み、くし切りにしたいちじくとぶどうをのせる。

休日に作るちょっと手の込んだメニュー　**RECIPE_10**

洋梨タルト

タルトとフィリングを同時に焼いてしまう簡単タルト。バターの代わりに太白ごま油を使ってヘルシーな仕上がり。

材料 [21cmタルト型]

{ タルト生地 }
薄力粉 — 200g
メープルシロップ — 45㎖
太白ごま油 — 50㎖
水 — 15㎖
塩 — ひとつまみ

{ アーモンドクリーム }
アーモンドプードル — 80g
薄力粉 — 60g
メープルシロップ — 50㎖
太白ごま油 — 40㎖
豆乳 — 50㎖
ベーキングパウダー — 小さじ1

{ トッピング }
洋梨 — 1個
アプリコットジャム — 適量
ミントの葉 — 少々

作り方

1. タルト生地を作る。ふるった薄力粉にメープルシロップ、太白ごま油、水、塩を入れ混ぜ合わせ、こねてまとめる。

2. 1をめん棒でのばしてタルト型に敷きつめる。底全面にフォークの先を突き刺して穴を通す。

3. アーモンドクリームを作る。材料をすべてなめらかになるまで混ぜ合わせ、2に流し込む。

4. 皮をむいて薄くスライスした梨を**3**に放射状に並べ、予熱180℃のオーブンで45分焼く。

5. 焼き上がった**4**にアプリコットジャムを薄く塗り、ミントの葉を散らす。

おわりに

　インスタグラムでばぁばのごはんを発表するようになってから、嬉しいことがたくさんありました。食のシーンで活躍している素敵な方々との出会いがあったり、こうしてレシピ本出版のお誘いをいただいたり、以前は想像すらしなかったできごとがたくさんありました。モデルをしている長女の婿、ミュージシャンで俳優の浜野謙太のライブに行ったときのこと、思いがけず「ばぁばのおうちごはん、好きです」なんて声をかけてくださる方がいて、こんなに私の投稿を見てくれている人がいるんだ！ と感動してしまいます。
　「いいね！」の数が多かったり、コメントがたくさん寄せられると、もっと喜んでもらえる料理を研究しようとか、もっと楽しんでもらえる料理に挑戦しようとか、ぐんぐんやる気が湧いてきます。家族のためにひたすら作り続けてきたばぁばのごはんが、我が家の外に飛び出て、たくさんの人に届いている喜び。60歳を過ぎて、こんなふうに世界が広がっていくなんて思ってもみませんでした。

カメラの技術を持ち合わせていないばぁばが撮るお料理写真は、ピンボケだったり、影が入っていたり、おしゃれな演出もできなかったりするけれど、それでも「いいね！」と言ってくださる方がいることは大きな励みになっています。これからも気取ることなく、ひと目見て「ばぁばのごはんだ！」とわかってもらえるような私らしい表現で楽しく続けていこうと思っているので、どうか応援してくださいね。

　我が家はみんな好き嫌いがなく、食いしん坊。残り物が出ないから、作り置きもできないんですよ。私が食べたいものを自由に作って、それをみんながおいしいと喜んで食べてくれることはこの上ない幸せです。

　いつも家族のためにおうちごはんを作っているみなさんへ。心よりご苦労さまと言ってあげたい。そして、ばぁばにも言ってもらいたいです（笑）。

　外食とおうちごはんは別物。そこを理解してくれて、ばぁばの作るごはんを待ってくれている家族に改めて感謝します。

デザイン　塙 美奈（ME＆MIRACO）
構　成　　岡部徳枝
校　正　　鈴木初江
編　集　　川上隆子（ワニブックス）

制作協力　クッキングラマー・プロジェクト

～～～～～～～～～～～～～～～～～～～～～～～～

きょうこばぁばの　ちょっとの工夫で
いつものごはんが
「わぁ！ごちそう」になるレシピ

きょうこばぁば　著

2017年8月7日　初版発行

発行者　横内正昭
編集人　青柳有紀
発行所　株式会社ワニブックス
　　　　〒150-8482
　　　　東京都渋谷区恵比寿4-4-9　えびす大黒ビル
　　　　電話 03-5449-2711（代表）
　　　　　　 03-5449-2716（編集部）

　　　　ワニブックスHP　http://www.wani.co.jp/
　　　　WANI BOOKOUT　http://www.wanibookout.com/

印刷所　株式会社美松堂
DTP　　株式会社三協美術
製本所　ナショナル製本

定価はカバーに表示してあります。
落丁・乱丁の場合は小社管理部宛にお送りください。送料は小社負担でお取り替えいたします。
ただし、古書店等で購入したものに関してはお取り替えできません。
本書の一部、または全部を無断で複写・複製・転載・公衆送信することは法律で定められた
範囲を除いて禁じられています。

©きょうこばぁば 2017 ISBN978-4-8470-9601-3